D1678812

रोकड़ जो मिली नहीं

बिमल मित्र

जन्म : 18 मार्च, 1912 ई.।

शिक्षा : कलकत्ता विश्वविद्यालय से एम.ए.।

गतिविधियाँ : विभिन्न पदों पर रेलवे की नौकरी। इसी सिलसिले में भारत के अनेक भागों का भ्रमण और जनजीवन का निकट से अध्ययन।

साहित्य-सेवा : 1956 में नौकरी से अलग होकर स्वतन्त्र साहित्य सर्जन का आरम्भ। लगभग साठ ग्रन्थों की रचना। अधिकतर उपन्यास और कहानी-संग्रह।

बाँगला और हिन्दी के भी सर्वाधिक प्रिय उपन्यासकार। इनके उपन्यासों की सबसे बड़ी विशेषता है विश्वव्यापी घटनाक्रम के सार्वजनीन तात्पर्य को अपने में समेट लेना।

प्रकाशित कृतियाँ : पुस्तकाकार में इनका पहला बाँगला उपन्यास है 'अन्य रूप' और इनके उपन्यास का पहला हिन्दी रूपान्तर है **साहब बीबी गुलाम**। **खरीदी कौड़ियों के मोल** (दो खण्ड), **बेगम मेरी विश्वास** (दो खण्ड), **कन्या पक्ष**, **चलो कलकत्ता**, **वे आँखें**, **चार आँखों का खेल**, **पति-पत्नी संवाद**, **बनारसी बाई**, **शुभ संयोग**, **रोकड़ जो मिली नहीं**, **विषय : नर-नारी** आदि इनके कुछ प्रमुख उपन्यास हैं। कन्नड़ व भारत की अन्य भाषाओं में इनकी रचनाओं के अनेक अनुवाद प्रकाशित हो चुके हैं।

निधन : 2 दिसम्बर 1991

बिमल मित्र

रोकड़ जो मिली नहीं

लोकभारती पेपरबैक्स

लोकभारती पेपरबैक्स में
प्रथम संस्करण : 2011
द्वितीय संस्करण : 2016
© बिमल मित्र

लोकभारती पेपरबैक्स : उत्कृष्ट साहित्य के लोकप्रिय संस्करण

लोकभारती प्रकाशन
पहली मंजिल, दरबारी बिल्डिंग, महात्मा गाँधी मार्ग
इलाहाबाद-211 001

वेबसाइट : www.lokbhartiprakashan.com
ईमेल : info@lokbhartiprakashan.com
शाखाएँ : 1-बी, नेताजी सुभाष मार्ग, दरियागंज नई दिल्ली-110 002
अशोक राजपंथ, साइंस कॉलेज के सामने पटना-800 006 (बिहार)
36-ए, शेक्सपियर सरणी, कोलकाता-700 017

त्रिवेणी ऑफसेट प्रिंटर्स
इलाहाबाद द्वारा मुद्रित

मूल्य : ₹ 125

ROKAR JO MILI NAHIN
by Bimal Mitra

ISBN : 978-81-8031-603-6

परम आदरणीय

श्री मुक्ति प्रसाद मुखोपाध्याय

नागपुर में आपके घर में जो कुछ दिन हम थे—
उसकी सुख-स्मृति मेरे जीवन में चिर स्मरणीय रहेगी।

१ वैशाख, १३८३

—बिमल मित्र

रोकड़ जो मिली नहीं

[एक]

इस उपन्यास के अन्त में एक चिट्ठी है। उसी चिट्ठी में मेरे इस उपन्यास का अन्त हुआ है। आप लोग उस चिट्ठी को पहले ही नहीं पढ़ लें। वैसा कीजिएगा तो कहानी पढ़ने के आनन्द से आप वंचित हो जाइएगा।

तीर्थ के देवता तीर्थ-पथ के अन्त में वास करते हैं। तीर्थ-पथ को तय किये बिना तीर्थ के देवता के दर्शन नहीं होते। तीर्थ-यात्रा में चूँकि यातना झेलनी पड़ती है, इसीलिए तीर्थ के देवता का इतना माहात्म्य है, तीर्थस्थान पहुँचने से इतने आनन्द की प्राप्ति होती है।

इसी तरह मनुष्य का जीवन हुआ करता है। मनुष्य के जीवन का आरम्भ क्योंकि जन्म से होता है इसीलिए वह अन्त में जन्मान्तर में पहुँचकर अमृतमय हो जाता है। तमाम नदियों का अन्त चूँकि समुद्र में होता है इसलिए समुद्र ही क्या सब-कुछ है और नदी कुछ भी नहीं?

लिखने बैठा हूँ तो सोचता हूँ, उपन्यास की शुरुआत कहाँ से करूँ, किसको केन्द्र मानकर लिखूँ? किसके बारे में कहानी शुरू करूँ? सुनीति मित्र को लेकर? वह क्या इस कहानी की नायिका है? या लीला हंसराज को लेकर शुरू करूँ? कुछ भी समझ में नहीं आ रहा है। अपने मास्टर साहब कालीपद को लेकर शुरू करूँ तो भी काम चल सकता है। वही कालीपद मास्टर साहब जो पहले खादी पहना करते थे, जो ब्रह्मचर्य-पालन को जीवन का धर्म मानकर चलते थे। या अगर दुर्गा दीदी को लेकर शुरू करूँ ते भी बुरा नहीं होगा। वह सब न कर अगर पार्क स्ट्रीट के ब्लैक प्रिन्स को लेकर शुरू करूँ तो भी कोई हर्ज नहीं।

शुरू करने का एक और उपाय है। वह है सोने का एक हार। मामूली सोने के जिस हार को उपलक्ष्य बनाने के करण इतनी छोटी संख्या का हिसाब जो गलत हो गया, उसी को लेकर शुरुआत की जा सकती है। दिखा सकता हूँ कि डेढ़ सौ रुपये का एक मामूली हार किस तरह इस उपन्यास का एक असाधारण उपादान हो गया।

कर तो सकता हूँ सब-कुछ, मगर असली बात है आज का युग गति और व्यस्तता का युग है। हम इसी व्यस्तता-युग के अभिशप्त प्राणी हैं। हम

आज आराम या अवकाश-ग्रहण की बात नहीं सोच सकते। प्रत्येक आदमी के जीवन में एक समय आता है जब उसे अवकाश-ग्रहण करना पड़ता है, कर्म-क्षेत्र से दूर हटकर खड़ा होना पड़ता है। वही सुखद और स्वास्थ्यकारी होता है। मगर हम ऐसा नहीं कर पाते। हम दुनिया को छोड़कर इतनी आसानी से नहीं जाना चाहते, किसी के लिए तिलभर भी जगह नहीं छोड़ना चाहते। हम चलना जानते हैं, रुकना नहीं।

लेकिन जब शुरू करना ही है तो इतनी भूमिका की जरूरत ही क्या? लेखन को ही जब धर्म के रूप में स्वीकार कर लिया है तो चिन्ता फिक्र की दुहाई दूँ तो आप मानने को तैयार नहीं होइएगा। फिर भी मन-ही-मन बड़ा ही क्लेश होता है। सोचता हूँ, मैं यह क्या कर रहा हूँ। आदमी को पहचानने और उसकी पहचान कराने की जिम्मेदारी जान-बूझकर अपने माथे पर क्यों ले रहा हूँ!

यही वजह है कि जब कोई हिसाब नहीं मिलता है तो कभी-कभी जी में होता है अपने जीवन को ही धिक्कारूँ! बार-बार कहने को मन होता है कि मैंने यह क्या किया? इतने दिनों के बाद मैंने कितनी बड़ी गलती की। मुझमें जो इतना अहंकार था कि मैं आदमी को पहचानता हूँ, उस अहंकार को क्या इस तरह चूर होना चाहिए था।

इसीलिए तो सोचता हूँ, बावजूद इतने-इतने आदमियों को देखने, इतने आदमियों से मिलने और इतनी मोटी-मोटी किताबें लिखने के, मैं कुछ भी न जान सका, किसी को भी पहचान न सका। यह चिरपरिचित दुनिया किसी-किसी दिन मुझे अजनबी-जैसी लगती है। चारों ओर का समाज अचानक एक अजनबी चेहरा पहनकर मेरे सामने खड़ा हो जाता है। देखकर मैं स्तम्भित हो जाता हूँ, चौंक पड़ता हूँ, अपने-आपको ही नये सिरे से पहचानने की कोशिश करने लगता हूँ।

सुनीति की ही बात लें। सुनीति मित्र के साथ ही जिस तरह की घटना हुई, उसी पर सोचकर देख लें। सुनीति को मैं क्या थोड़े दिनों से जानता था?

जब सुनीति हमारे घर पर पहले-पहल आयी थी, उस समय भैया की लड़की ज्यादा-से-ज्यादा पाँच या छह साल की होगी। भैया की वह पहली सन्तान है, अतः बड़ी ही लाड़ली थी। सभी उसे बेहद प्यार करते थे। एक बात उसके मुँह से निकल जाये तो सभी कहते, "आह कितनी अक्लमन्द है!"

इतनी कम उम्र में जब इतनी अक्लमन्द है तो बड़ी होने पर कितनी अक्लमन्द होगी, यह सोचकर सभी रोमाञ्चित हो उठते थे।

वही लड़की जब चार साल की हो गयी तो भैया ने उसे नर्सरी स्कूल में दाखिल करा दिया।

हमारे जमाने में चाहे जो कुछ हुआ हो, मगर इस युग में सभी अपनी-अपनी लड़की को इन्दिरा गाँधी बनाना चाहते हैं। लड़कियो को सजा-धजाकर उनकी माताएँ उन्हें यूनिफार्म पहनाती हैं और उसके बाद फ्लास्क हाथ में लिये गली पार करती हुई स्कूल की बस के लिए इन्तजार करती रहती है। जिनकी माताएँ गृहस्थी के कामों के कारण वक्त नहीं निकाल पाती हैं, उनके बाप, चाचा या भाइयों को यह जिम्मेदारी ओढ़नी पड़ती है।

यह नया रिवाज चल पड़ा है।

पहले यह सब रिवाज नहीं था। आज जो बच्चे जितने ही बड़े स्कूल में पढ़ते हैं, जितनी ही कीमती बस पर सवार होकर स्कूल जाते हैं, उनके माँ-बाप की उतनी ही इज्जत होती है। जिन बच्चों के स्कूल की फीस ज्यादा है, बस में जिन्हें ज्यादा किराया चुकाना पड़ता है, वे समाज और मुहल्ले में ईर्ष्या की दृष्टि से देखे जाते हैं। बच्चों की स्कूल-बस पर जो नाम लिखा रहता है, असली कीमत उसी की है। उस नाम को देखते ही हम अन्दाज लगा लेंगे कि तुम्हारे पिता का कितना सम्मान है, उन्हें दफ्तर में कितनी तनख्वाह मिलती है, तुम्हारा खान-पान किस तरह का है!

सचमुच पहले यह सब नहीं था। वीथि के कारण भैया को भी इस समस्या के सामने खड़ा होना पड़ा। भैया अच्छी नौकरी पर हैं, महीने में उन्हें दो हजार रुपये तनख्वाह मिलती है, अत: उनकी लड़की का मुहल्ले के महाकाली विद्यालय में दाखिला नहीं कराया जा सकता है। महाकाली विद्यालय की माहवार फीस मात्र दस रुपये है। इससे भैया की इज्जत पर पानी फिर जायेगा, साथ-साथ हमारे खानदान की भी इज्जत धूल में मिल जायेगी।

दरअसल इस युग में इस मिथ्या सम्मान को लेकर ही हम जीवन जी रहे हैं। धर्म बच रहा है या नहीं, इसे देखने की जरूरत हम महसूस नहीं करते, सत्य जीवित है या नहीं, इस पर हम विचार नहीं करते। बाहरी आदमी के सामने हमारा मिथ्या सम्मान बना रहे तो हम जी जायें।

मगर मैं इतनी बातें क्यों कह रहा हूँ और कौन इतना सुनेगा? कहानी कहना मेरा काम है, इसीलिए मुझे कहानी ही लिखनी चाहिए। मैं हमेशा

इस बात पर विश्वास करता आया हूँ कि आदमी अभी जिस तरह से रह रहा है, उस तरह नहीं रहेगा, उसका समाज भी इस तरह नहीं रहेगा। तब अच्छाई-बुराई का अर्थ बदल जायेगा, पाप-पुण्य के अर्थ में परिवर्तन आयेगा। या फिर ऐसा भी हो सकता है कि प्राचीन मूल्य लौट आयें। आदमी फिर से धर्म, सत्य और ईश्वर की महिमा को मर्यादा प्रदान करने लगे।

तब हो सकता है, सुनीति मित्र की कहानी आदमी को सचमुच ही अच्छी लगने लगे। हो सकता है सही तौर पर तब सुनीति मित्र का मूल्यांकन हो।

और इसी भरोसे आज मैं सुनीति मित्र की कहानी लिखने बैठा हूँ।

शुरू में सुनीति मित्र से मेरी कोई जान-पहचान नहीं थी। किसी खास घटना या स्थिति के कारण ही आदमी से आदमी की जान-पहचान होती है। तब हाँ, रक्त या आत्मीयता का सम्बन्ध हो तो बात ही अलग है।

मगर दुनिया-भर के आदमी से खून के रिश्ते में बँधना मुमकिन नहीं है। दुनिया में इतने-इतने आदमी हैं, विविध कारणों से एक-दूसरे के सम्पर्क में आते हैं। लेकिन ऐसा होने से ही क्या सभी एक-दूसरे को जानने-पहचानने लगते हैं? घनिष्ठता के सूत्र में बँध जाते हैं?

भैया की लड़की के लिए एक मास्टरनी की जरूरत पड़ी।

भैया को हमेशा काम में व्यस्त रहना पड़ता है। उनके पास वक्त नहीं है कि लड़की के लिए मास्टरनी की तलाश करें। दफ्तर जाना पड़ता है, दफ्तर की जिम्मेदारी निभानी पड़ती है। दफ्तर के काम से कलकत्ते से बाहर जाना पड़ता है। वीथि के लिए जो कुछ भी करना है, सब-कुछ भाभीजी को ही करना पड़ता है।

और मैं?

मैं ठहरा आलसी आदमी। हर तरह का काम रहने पर भी मैं निकम्मा हूँ। अतः मुझ पर ही इस काम की ज़िम्मेदारी लादी गयी—यानी वीथि के लिए मास्टरनी की तलाश करने की जिम्मेदारी।

'तीन नम्बर गवाह' नामक एक उपन्यास में भी मैं लिख चुका हूँ और अब भी यह स्वीकार करता हूँ कि मैं तब ऐसी एक नौकरी कर रहा था जिसमें मुझे फुर्सत और काम—दोनों अधिक-से-अधिक तादाद में मिलते थे।

सभ्य भाषा में कहूँ तो कहना पड़ेगा कि तब मैं गुप्तचर का काम करता था।

'गुप्तचर' शब्द सुनने में खराब लगता है। मगर चाहे खराब ही क्यों न लगे, मेरा असली काम वही था।

मैं ठहरा पुलिस का आदमी। पुलिस का आदमी रहने पर भी मुझे रोज-रोज दफ्तर नहीं जाना पड़ता था। मुझे स्वाधीनतापूर्वक समाज के हर तबके के आदमी से हेल-मेल बढ़ाकर अनैतिकता की छिपी हुई खबरों का पता लगाना पड़ता था और ठीक समय पर इसकी लिखित सूचना अपने अफसर को देनी पड़ती थी! उसके बाद एक दिन जाल बिछाकर मुजरिम को पकड़ना पड़ता था।

कहा जा सकता है कि तब मैं सरकार के अपराध निरोध विभाग का एक वरिष्ठ अफसर था।

इसके बारे में यहाँ ज्यादा लिखना जरूरी नहीं है। इतना कहना ही काफी होगा कि इसी काम के सिलसिले में सुनीति मित्र से मेरी जान-पहचान हुई।

इस बात को जरा खोलकर ही कहूँ।

मुझे अपने एक व्यक्तिगत काम से एक दिन किसी कॉलेज में जाना पड़ा था। कॉलेज नामी-गिरामी था। कॉलेज के अध्यक्ष मेरे परिचित ही नहीं, मेरे दोस्त भी थे।

बहुत दिनों के बाद उसने मुझसे कहा, "बात क्या है जी? आजकल तो तुमसे मुलाकात होती ही नहीं।"

मैंने कहा, "मुलाकात कैसे होगी? अखबार क्या तुम पढ़ते नहीं?"

दोस्त की समझ में मेरी बात नहीं आयी।

बोला, "क्यों? अखबार से तुम्हारी नौकरी का क्या वास्ता है?"

मैंने कहा, "वास्ता कुछ भी नहीं है, मगर अखबारों में देखा नहीं कि चारों तरफ किस तरह घूस लेने-देने का सिलसिला चल रहा है? घूस लेने-देने का सिलसिला बढ़ जाता है तो हम लोगों का भी काम बढ़ जाता है, इसमें अवाक् होने की क्या बात?"

दोस्त बोला, "मगर पकड़ा तो कोई भी नहीं जाता। और अखबारों में दो-चार व्यक्तियों के पकड़े जाने की खबर अगर छपती भी है तो अन्त में उनके साथ कैसा सलूक किया जाता है, उसकी कोई जानकारी हासिल नहीं होती है।"

मैंने कहा, "इन गम्भीर बातों पर मैं तुमसे बहस नहीं करूँगा। अपनी नौकरी बचाकर तनख्वाह लेना मेरा काम है और वह काम मैं नियमित ढंग

से किये जा रहा हूँ। तब हाँ, इस युग में दुनिया में जब पैसा बटोरना ही आदमी का सबसे बड़ा क्वालिफिकेशन है, तो फिर घूस लेने-देने के सिलसिले के खत्म होने की उम्मीद करना बेकार है। दिन-दिन जितना बढ़ रहा है, बढ़ता ही जायेगा। और अगर रातों-रात हमारा देश रामराज्य हो जाये तो फिर हमारी नौकरी क्या बरकरार रहेगी? तब मैं बेकार हो जाऊँगा।''

दोस्त बोला, ''खैर, क्या खाओगे, यह तो बताओ। हमारे यहाँ अच्छा कैण्टीन खुला है, कहो तो कुछ मँगाऊँ!''

मैंने कहा, ''नहीं, मँगाने की जरूरत नहीं, मैंने अभी तुरन्त खाना खाया है।''

''फिर चाय?''

''नहीं। कुछ भी नहीं चाहिए। तुम्हारे पास एक काम से आया हूँ।''

''काम? मुझसे तुम्हारा कौन-सा काम हो सकता है? हम मास्टरी करते हैं और तुम ठहरे पुलिस कर्मचारी। जहाज से अदरक के व्यापारी का कौन-सा रिश्ता हो सकता है?''

मैंने कहा, ''काम है।''

''किसी को कॉलेज में दाखिल कराना है?''

''नहीं, ऐसी बात नहीं है। मुझे अपनी भतीजी के लिए किसी मास्टरनी की जरूरत है। यानी एक ऐसी मास्टरनी की जो नियमित ढंग से उसे पढ़ाये। कभी गैरहाजिर न रहे। काफी पढ़ी-लिखी हो और चरित्र भी अच्छा हो।''

दोस्त बोला, ''स्वभाव-चरित्र के बारे में गारण्टी नहीं दे सकता। क्योंकि पुरुषों के भाग्य और औरतों के चरित्र को हम-तुम क्या, देवता भी नहीं समझ सकते।''

''फिर तो तुम्हारे पास आया ही नाहक? सिर्फ अखबारों में विज्ञापन देते ही हजारों दरख्वास्तें आ जातीं।''

दोस्त बोला, ''ठीक है, मैं सोचकर कहूँगा। मुझ दो-चार दिन का वक्त दो।''

[दो]

कुछ दिन बाद मेरे दोस्त ने सूचना दी कि एक मास्टरनी मिल गयी है और अगर उसे यह पता चल जाये कि मैं किस दिन उसके पास पहुँच रहा हूँ तो वह उसको बुला लेगा। तभी मैं उस महिला से बातचीत कर पसन्द या नापसन्द जो करने को होगा, कर लूँगा।

मेरे जीवन का ज्यादातर वक्त लोगों को जानने-पहचानने में बीता है। आदमी से हेल-मेल बढ़ाकर उसे पहचानना ही सबसे कठिन काम है।

आदमी को पहचानने के सिलसिले में मैं ठगा नहीं गया, यह बात भी दावे के साथ नहीं कह सकता। उसके चलते बहुत बार मुझे कितनी ही क्षतियाँ उठानी पड़ी हैं। तब हाँ, इतना तो जरूर ही कह सकता हूँ कि क्षति इतनी अधिक नहीं हुई है कि मुझे अनुताप की भट्ठी में तपना पड़ा हो। सोचा है, यह भी कोई कीमत ही चुका रहा हूँ। कुछ पाने के लिए कुछ-न-कुछ कीमत चुकानी ही पड़ती है।

दिन तय कर एक दिन मिलने गया। वहाँ मेरे मित्र ने सारा इन्तजाम करके रखा था। देखा, मेरे लिये एक महिला कमरे के अन्दर बैठी हुई है। मेरे अन्दर जाते ही महिला उठकर खड़ी हो गयी।

''बैठिए, बैठिए।'' मैंने कहा।

मेरे बैठने के बाद महिला बैठ गयी। महिला का व्यवहार अच्छा ही लगा और स्वभाव से वह भली और विनयी-जैसी लगी। कभी-कभी अभाव के कारण भी आदमी भलमनसाहत और विनम्रता का अभिनय करता है। अपना मतलब बनाने के लिए भी आदमी विनयी बन जाता है। मगर वह सब मेरी अन्वेषक दृष्टि से छिप नहीं पाता है। मैं निजी अनुभव के सहारे समझ लेता हूँ कि कौन असली विनम्रता है और कौन नकली। चाहे जितना बड़ा अभिनेता क्यों न हो, उसका अभिनय हमेशा अभिनय ही रहेगा। वह कभी असली नहीं हो पाता है। और यदि असली हो जाये तो फिर वह अभिनय रह ही नहीं जाता। अब असली की तरह देखने में लगे, असली-जैसा ही लगे तो वह अभिनय है। मिसाल के तौर पर हम रोल्ड गोल्ड या गिल्टी सोने को ले सकते हैं। अगर गिल्टी सोने को असली सोने का गहना समझकर चोर चुराये तो उसका गिल्टी सोना होना सार्थक है।

दोस्त बोला, "तुम सुनीति से 'आप' कहकर बातचीत क्यों कर रहे हो? दरअसल वह तुम्हारी छोटी बहन-जैसी है। पहले इसी कॉलेज में पढ़ती थी। यहीं से सुनीति ने बी० ए० पास किया है।"

मैंने उसकी बात मानते हुए कहा, "तुम्हारा नाम सुनीति है न? मगर सुनीति क्या?"

महिला बोली, "सुनीति मित्र!"

देखा, सुनीति के गले की आवाज कितनी मीठी है। कोई-कोई महिला ऐसी होती है जो देखने में अच्छी नहीं होती मगर बातचीत करने के बाद अकारण ही वह देखने में अच्छी लगने लगती है। आँखों से देखने पर कितनी ही बुरी क्यों न लगे मगर थोड़ी-सी बातचीत करने के बाद ही वह बुराई दूर हो जाती है। आँखें स्वीकार कर लें तो मन स्वीकार नहीं कर सकता है, लेकिन मन एक बार स्वीकार ले तो आँखों को स्वीकार करना ही पड़ता है। मनुष्य के चरित्र के विवेचन का यही नियम है।

इस विवेचन के पैमाने से मापने पर सुनीति उसी तरह की भली लड़की लगी। उसकी देह के रंग को गोरा नहीं कहा जा सकता, बल्कि काला कहा जाये तो सही होगा। मगर काला हो तो निन्दा करने लायक है, सुनीति ने इस उक्ति को झूठा साबित कर दिया था। काली न कहकर उसे कृष्णकलि कहा जाये तो वर्णन ठीक होगा। जिस तरह ठीक-ठीक वर्णन किया जा सकता है उसी तरह उसे सम्मान की दृष्टि से भी देखा जा सकता है।

हाँ, दुनिया में प्रशंसा की तुलना में सम्मान दुर्लभ वस्तु हुआ करता है। सम्मान चूँकि बहुत कम आदमियों को नसीब होता है, यही वजह है कि उसके चाहनेवालों की संख्या इतनी अधिक होती है।

अपने दोस्त से जो कुछ सुना उससे मेरे मन में उसके प्रति सहानुभूति पैदा हुई। बड़ी बात यही है कि अपने काले रंग के चेहरे के बावजूद सुनीति मुझसे सहानुभूति प्राप्त कर सकी। क्योंकि मेरी नौकरी जिस तरह की है, उसके कारण यह मानकर चलता हूँ कि आदमी असल में सहानुभूति के लायक नहीं है। आदमी चोर, गुण्डा, जुआरी, चरित्रहीन और बेईमान है। इस दुनिया में जहाँ भी इसका अभाव दीखे, समझ लेना चाहिए कि अपवाद ही है। ज्यादा दिन पुलिस की नौकरी करने का एक बुरा नतीजा यही होता है कि आसपास जिस पर भी निगाह जाती है उस पर अविश्वास करना ही अच्छा लगता है। वह अविश्वास फैलते-फैलते पुलिसवाले के अपने

परिवार की सीमा में प्रवेश कर जाता है। माँ, बाप या स्त्री की बात तो दूर, तब वह खुद अपनी ही निगाह में अविश्वास का पात्र हो जाता है।

मैंने पूछा, "तुम्हारे घर पर कौन-कौन हैं?"

सुनीति के बदले मेरे मित्र ने ही जवाब दिया, "बूढ़े पिताजी और माँ—बस यही दो, बाकी कोई नहीं। सुनीति ने इस बार हमारे कॉलेज से बी० ए० पास किया है और अब एम० ए० में पढ़ रही है।"

"सब्जेक्ट क्या है?"

"हिस्ट्री। इतिहास, अंग्रेजी और संस्कृत में मैं हमेशा अव्वल आती रही हूँ, मगर मैं बपचन से ही इतिहास पढ़ना पसन्द करती आयी हूँ। अभी गृहस्थी का खर्च चलाते हुए कॉलेज की फीस देना मेरे बूते के बाहर की बात है। इसीलिए एक-दो ट्यूशन मिल जायें तो मुझे सुविधा हो।"

उसके बाद बहुत सारी बातें हुईं। घर कहाँ है, बाबूजी क्या करते थे, विवाह क्यों नहीं किया आदि-आदि।

मैंने बताया, छात्रा मेरी भतीजी है। वह अंग्रेजी स्कूल में पढ़ती है। बँगला के बजाय अंग्रेजी पर ही ज्यादा जोर देना पड़ेगा।

सुनीति बोली, "मैंने मिशनरी स्कूल से ही सीनियर कैम्ब्रिज पास किया है। अंग्रेजी में मुझे एट्टी परसेण्ट मार्क मिला था।"

"फिर तो चिन्ता की कोई बात ही नहीं।" मैंने कहा।

किसी का स्वभाव-चरित्र बाहरी चेहरे को देखने से समझ में नहीं आता है। उसका अन्दाज लगा लेना पड़ता है। शिक्षा-दीक्षा का पता विश्व विद्यालय के सर्टिफिकेट से चल जाता है! यह भी क्या कम बात है! मुझे अपनी भतीजी के लिए एक ऐसी मास्टरनी की जरूरत थी जिसका चाल-चलन अच्छा हो। आजकल राह-बाट में लड़कियों के ऐसे-ऐसे लिबासों पर नजर पड़ती है, जिनके कारण आँखें बन्द कर लेनी पड़ती हैं। सिर अपने-आप झुक जाता है। सुनीति मित्र का लिबास उस किस्म का नहीं है। उसके पैर के चप्पल, साड़ी और ब्लाउज से शुरू करके जूड़े तक में एक ऐसी सुन्दर-शान्त शालीनता की छाप है, जिसे देखकर आँखें जुड़ा जाती हैं और मन श्रद्धा से परिपूर्ण हो उठता है।

लौटकर भैया को सुनीति के बारे में बताया।

भैया उस कोटि के अफसर हैं जो अपने ऑफिस को ही मन्दिर समझते हैं। ऐसे लोग बिस्तर पर लेटे-लेटे शायद ऑफिस का ही सपना देखा करते हैं। भाभीजी से सुना है, भैया नींद में भी ऑफिस की फाइलों के बारे में

बड़बड़ाते रहते हैं। शायद भैया को हमेशा यह बात याद नहीं रहती कि घर नामक भी कोई जगह है। खाने के समय भैया को याद दिला देना पड़ता है कि उन्हें भूख लगी है। पता नहीं, सरकारी ऑफिस में भैया-जैसे कितने अफसर हैं! अगर भैया के जैसे कुछ लोग हैं तो मानना पड़ेगा कि हिन्दुस्तान के सुदिन लौट आये हैं। भाभी अगर न होतीं तो हो सकता है, भैया दफ्तर में ही रात गुजार देते।

मेरे छुटपन में जो मास्टर साहब मुझे पढ़ाते थे, वे मेरा आदर्श थे। कहा जा सकता है कि मैं और भैया उन्हीं के आदर्श के कारण ही आदमी हो पाये थे।

हमारे मास्टर साहब अल्पाहारी और अल्पाचारी थे। कभी मांस-मछली वगैरह नहीं खाते थे। उनके पाँवों में साधारण चप्पल रहा करते थे, देह पर खादी की मोटी धोती और चादर। सरदियों में वे चादर के बदले बदन पर गरम शाल डाल लेते थे।

हम पूछते, ''मास्टर साहब आपको ठण्ड नहीं लगती है?''

मास्टर साहब जवाब देते, ''हमारे देश में सौ में अस्सी आदमी जिस तरह गुजारा करते हैं, उसकी तुलना में मेरी यह गरम शाल विलासिता ही कही जायेगी।''

यह कहकर वे हँस देते थे।

मेरे पिताजी कहते, ''उन्हीं की बातें ठीक हैं, हमारे मुल्क में ऐसे ही आदमियों की जरूरत है। बंगाली ऐयाशी के चलते ही मारे गये।''

कहा जा सकता है कि भैया को भी वही स्वभाव मिला है। किस कमीज को पहनना है, क्या खाना है, कब किससे कैसे बातचीत करनी है, उसकी भैया परवाह ही नहीं करते। भैया बस एक ही चीज का हिसाब रखते हैं और वह है दफ्तर का काम। उसके बारे में उनके गणित में कभी कोई गलती नहीं होती है।

खाने के समय मैंने भैया को सुनीति के बारे में बताया।

भाभी बोलीं, ''किससे कह रहे हो देवरजी, तुम्हारे भैया अभी ऑफिस की बात सोच रहे हैं। इससे तो बेहतर यही है कि तुम मुझसे कहो, मैं ध्यान से सुनूँगी।''

बात भैया के कानों में पहुँची।

''किस चीज के बारे में कह रहे थे? चुनाव के बारे में? इस साल वह नहीं होने जा रहा है। अगले साल होगा।''

भाभी बोलीं, "लो सुनो देवरजी, अपने भैया की बातें सुन लीं न?"

उसके बाद भैया की ओर ताकती हुई बोलीं, "तुम्हें रोटी दूँ?"

भैया बोले, "नहीं-नहीं, मेरा पेट भर चुका है। तुम जो कह रही थीं, वही कहो।"

भाभीजी ने उनकी बातों पर ध्यान न देकर कहा, "न हो तो तुम किसी दिन उसे मेरे पास ले आओ, देवरजी। उससे बातचीत करने पर मैं सब समझ जाऊँगी।...कहाँ रहती है?"

मैं बोला, "लड़कियों के एक मेस में। वहाँ उसे बहुत तकलीफ होती है।"

"क्यों? खाने-पीने की तकलीफ होती है?"

मैंने कहा, "नहीं, मुहल्ले के लड़के छेड़खानी करते हैं, बहुत तरह की बातें कर उसे शर्मिन्दा करने की कोशिश करते हैं। इतनी बड़ी हो चुकी है, शादी नहीं हुई है, ऐसी हालत में जैसा हुआ करता है, वही सब होता है।"

"शादी अब तक क्यों नहीं हुई है?"

"शादी क्या हर किसी की हो जाती है? अगर कोई शादी करा देता तो हो गयी होती, लगता है, उस ओर से ही कोई बाधा है।" मैंने कहा।

"बाधा किस बात की?"

"यह सब बात किसी महिला से पूछना ठीक नहीं होता है। तब हाँ, लगता है, माँ-बाप भी नहीं चाहते कि लड़की की शादी हो जाये।"

"क्यों?"

मैंने कहा, "नौकरी करनेवाली लड़की को इसी तरह की मुसीबत का सामना करना पड़ता है, भाभीजी। इतने दिनों से पुलिस विभाग में काम कर रहा हूँ, फिर यह बात मुझसे अनदेखी कैसे रह जायेगी? लड़की की शादी हो जायेगी तो वह परायी हो जायेगी, साथ-ही-साथ उसकी कमाई का पैसा भी दूसरे के हाथ में चला जायेगा। ऐसी हालत में गरीब माँ-बाप भला कहीं लड़की की शादी करना चाहते हैं?"

"मगर तुम तो कह रहे हो कि वह नौकरी नहीं करती। बी० ए० पास है और एम० ए० में पढ़ रही है। वैसी लड़की कौन-सी कमाई करती है?"

"कई ट्यूशनें करती है। आजकल ट्यूशन करके भी लड़कियाँ काफी कमा लेती हैं। लगभग दो सौ रुपये उससे मिल ही जाते होंगे। एक सौ रुपये बाप को भेजती होगी और बाकी एक सौ में खुद गुजारा करती

होगी। अगर हमारे घर में उसके लिए रहने-खाने का इन्तजाम हो जाये तो उससे काफी पैसे बच जायेंगे।''

भाभीजी बोलीं, ''तुम किसी दिन उसे घर पर ले आओ, मैं उससे बातचीत करना चाहती हूँ। उसके बाद बात तय की जायेगी।''

उसके बाद एक दिन मैं सुनीति मित्र को अपने घर ले आया और भावी छात्रा की माँ से उसका परिचय करा दिया। अपने सिर पर ही सारी ज़िम्मेदारी क्यों उठाऊँ? भैया का छात्रा का अभिभावक होना न होने जैसा ही है, ऐसी हालत में भाभीजी सर्वेसर्वा हैं। उनके हाथ में सुनीति मित्र को सौंप देने से मैं निश्चिन्तता के साथ रह सकता हूँ।

सुनीति मित्र एक दिन हमारे घर पर आयीं। उसका वही सादा लिबास था, साड़ी का अंचल पूरे जिस्म से लिपटा था। पैरों में साधारण चप्पल। किसी तरह के विशेष साज-सिंगार की तड़क-भड़क नहीं थी।

भाभीजी ने आगे बढ़कर उसकी अभ्यर्थना की और कमरे के अन्दर ले गयीं। मैं उन लोगों के साथ अन्दर महल में नहीं गया। औरत ही औरत को ठीक से पहचान सकती है। इसके अलावा भाभी की ही लड़की को जब पढ़ाना है तो वे ही भली-भाँति जाँच-पड़ताल कर लें। उस पर अगर भाभीजी सुनीति को घर में आश्रय देना चाहें तो कहना ही क्या! जरूरत पड़ने पर मेरी भतीजी को चौबीसों घण्टा उससे सहायता प्राप्त हो सकती है। कहा जा सकता है कि भाभी और सुनीति दोनों के लिए परेशानी दूर हो जायेगी। फिर हमें प्रत्यक्ष रूप में भतीजी की लिखाई-पढ़ाई के लिए कोई चिन्ता नहीं रह जायेगी।

हमारी गृहस्थी में मर्द के नाम पर मैं और भैया हैं, लेकिन दुनियादारी के मामले में हम दोनों कोरे ही हैं। हमें पैसा कमाना है, इसलिए हम कमाते हैं। मगर गृहस्थी चलाने की सारी जिम्मेदारी भाभीजी पर है! कौन क्या चीज खायेगा, किसे किस चीज की जरूरत है, किसकी कमीज फट गयी है और उसकी जगह पर दूसरी लेनी है, किसका हाथ खर्च का पैसा कम हो गया है और उसे रुपया देना है—इन सारी बातों की जिम्मेदारी भाभी पर रहती है। इसके अलावा मध्य वित्त की गृहस्थी के कामों का कोई अन्त है! दाई, नौकर, रसोइया वगैरह को ठीक से नियन्त्रण में रखना भी एक बड़ा काम ही है। उनसे ठीक से काम लेना पड़ता, कभी उन्हें डाँटना पड़ता है तो कभी पुचकारना पड़ता है। बीच-बीच में बख्शीश देनी पड़ती है। इस तरह की सामर्थ्य होना एक तरह की कला ही है। आजकल हिन्दुस्तान में मैनेजमेण्ट कोर्स की पढाई होती है, यह काम भी उसी तरह का है। भाभी ने

अलबत्ता मैनेजमेण्ट कोर्स नहीं पढ़ा था, मगर नौकर-चाकरों से किस तरह सलूक करना चाहिए, उनमें इसकी सहजात योग्यता है।

यही कारण है कि घर के हम सभी सदस्य भाभीजी पर निर्भर करते थे। घर के अन्दर हम लोगों का कोई रोब नहीं चलता था। हम भी भाभीजी पर गृहस्थी का पूरा भार सौंपकर चैन से रहते थे।

सुनीति मित्र से बातचीत करने के बाद भाभीजी मेरे पास आयीं और बोलीं, ''मेरी आँखों में कोई धूल नहीं झोंक सकता है, देवरजी। मैंने खोद-खोदकर हर बात पूछी। सुनने पर यह बात साफ हो गयी कि सुनीति बहुत ही अच्छे खानदान की लड़की है। हालत खराब रहने के कारण ही अब तक विवाह नहीं हो पाया है।''

''आपने उसकी गृहस्थी की सारी बातों की पूछताछ की?''

''हाँ, सब-कुछ पूछा। बाबूजी क्या करते थे, कहाँ रहते हैं, माँ-बाप को कितना पैसा भेजना पड़ता है, उसका निजी खर्च कितना है, ट्यूशन करके उसे कितना पैसा मिलता है—यही सब।''

''उसने क्या बताया?''

भाभीजी बोलीं, ''बड़ी ही सुशील लड़की है। कोई दूसरी लड़की होती तो इन बातों का जवाब ही नहीं देती या देती भो तो झूठी बातें बताती। जानते हो, मुझसे बात करते-करते वह रो पड़ी।''

''क्यों रो दी?''

''वाह जी, इतनी उम्र हो चुकी है, अब तक शादी हुई नहीं! फिर इसके लिए दु:ख नहीं होगा? जो लड़की पैसे के अभाव के कारण विवाह नहीं कर पा रही है—हालाँकि खुद जो कुछ कमाती है, सब माँ-बाप को दे देना पड़ता है—यह क्या कोई कम दु:ख की बात है?''

''फिर आपने क्या तय किया? उसे वीथि के लिए रखिएगा?''

वीथि बगल में ही खड़ी थी, वह भी अब तक हमारी बातचीत सुन रही थी। वह बीच में ही बोल पड़ी, ''हाँ माँ, मैं नयी दीदीजी से पढ़ूँगी।

''चुप रहो। तुम्हें किससे पढ़ना है, इस पर तुम्हें नहीं सोचना है। जो कुछ करना होगा, मैं करूँगी।''

वीथि बचपन से ही माँ की आज्ञाकारिणी है। आज्ञाकारिणी तो है ही, साथ ही माँ से डरती भी बहुत है। भाभीजी में एक यही योग्यता है। हमारे घर में सभी उनसे डरते हैं। साथ-ही-साथ सबके हृदय में उनके प्रति भक्ति भी है।

भाभीजी बोलीं, ''जाओ, तुम्हें यह सब सुनने की ज़रूरत नहीं। बाहर अपने कमरे में जाकर हस्तलेख लिखो। मैं थोड़ी देर में आकर देखूँगी।''

वीथि चली गयी।

मैंने पूछा, ''आपने सुनीति को वचन दे दिया?''

''हाँ। मुझे उस पर बड़ी दया आयी। तुमने देखा नहीं, एक अच्छी साड़ी खरीदे, उसके लिए भी उसके पास पैसा नहीं है। इस महीने उसके पिताजी ने उसे बीस रुपया अधिक भेजने को कहा है—उन्हें चश्मा बनवाना है। रुपये का इन्तजाम कैसे करेगी, इसी के लिए चिन्तित है। कॉलेज का प्रिन्सिपल उसकी लिखाई-पढ़ाई और परीक्षा का फल देखकर अब तक उसकी फीस चुकाता आ रहा था। मगर एम० ए० में पढ़ने के लिए उसे फीस के रुपये का इन्तजाम करना होगा। वहाँ प्रिन्सिपल कुछ कर भी नहीं सकता।''

इसके बाद भाभीजी कहने लगीं, ''मैंने पूछा, तुम्हारे पिताजी ने तुम्हारी शादी कराने की कोशिश क्यों नहीं की? उस पर उसने क्या जवाब दिया, जानते हो? बोली : कोशिश करने से ही क्या किसी की शादी हो जाती है?''

यह सुनकर मैंने कहा, ''फिर तुमने शादी के लिए खुद ही कोशिश क्यों नहीं की?''

मैंने पूछा, ''इसके जवाब में सुनीति ने क्या कहा?''

भाभीजी बोलीं, ''क्या कहती! कुछ भी नहीं बोली। रो दी।''

''क्यों, रो क्यों पड़ी?''

भाभीजी बोलीं, ''यह बात तुम्हारी समझ में नहीं आयेगी, देवरजी, तुम लोग इस बात को समझ नहीं सकोगे। चाहे मैं समझाने की लाख चेष्टा क्यों करूँ, पर समझ नहीं सकोगे।''

''फिर आपने क्या किया?''

''फिर मैं क्या करती? बस, मौखिक सान्त्वना देती रही। मगर औरतों का मन कहीं सान्त्वना से भींगनेवाला है? मैं जितनी ही सान्त्वना देने लगी, वह उतना ही रोने लगी। अन्त में मैंने कहा : तुम्हारे लिये चिन्ता की कोई बात नहीं, हमारे घर पर रहो। खाने-पीने का खर्च तुम्हें नहीं देना है। साथ-ही-साथ तुम्हें महीने में एक सौ रुपये दिया करूँगी।''

मैं अवाक् हो गया। बोला, ''खाने-पीने के अलावा महीने में एक सौ रुपये?''

भाभीजी बोलीं, ''फिर भी मैं फायदे में ही रहूँगी, देवरजी। मैं उतनी बेवकूफ नहीं हूँ। वीथि के लिए मुझे दो मास्टरनी रखना पड़ता। दोनों मिलकर कितना लेतीं? कम-से-कम डेढ़ सौ रुपया। उस पर नागा। नागा करने पर आजकल टीचरों से कुछ कहना मुश्किल है। कहा जाये तो पढ़ाना बन्द कर देंगे। उससे तो बेहतर यही है कि वह हमारे घर पर रहे। इससे फिर नागा करने का कोई सवाल ही पैदा नहीं होता। जरूरत पड़ने पर सड़क के मोड़ तक जाकर वीथि को स्कूल की बस पर बिठा आयेगी। सुबह-शाम दोनों वक्त वीथि के पढ़ायेगी। मास्टरनी घर पर रहेगी तो वीथि भी लिखाई-पढ़ाई पर ध्यान देगी। बाकी रहा खाने और ठहरने का खर्च! हम इतने आदमी इस घर में रह रहे हैं, एक और आदमी खा ही लेगा तो खर्चा कौन-सा बढ़ने जा रहा है? घर पर अगर कोई विधवा ननद होती तो उसका पालन करना ही पड़ता! उसे हम घर से निकाल नहीं सकते थे। मान लो, वह भी उसी तरह की एक औरत है।''

भाभीजी की युक्ति से सहमति प्रकट करने के अलावा मुझे कोई दूसरा उपाय नहीं सूझा।

[तीन]

उसी महीने की पहली तारीख को सुनीति अपना बिस्तर-पेटी वगैरह लेकर हमारे घर पर चली आयी। उसके रहने के लिए एक अलग कमरे का इन्तजाम हमने पहले ही कर दिया था। किसी को असुविधा नहीं हुई।

भैया को जब मालूम हुआ तो वे बोले, ''अच्छा ही हुआ, अब हम निश्चिन्त हो गये।''

उनकी बातें सुनकर भाभी हँस दीं, ''देखा न देवरजी, लगता है, तुम्हारे भैया लड़की की लिखाई-पढ़ाई की चिन्ता से इतने दिनों से परेशान थे।''

सबसे अच्छी बात यही हुई कि मेरी भतीजी को नयी मास्टरनी पसन्द आयी। अपनी दीदीजी को पाकर वह उसे छोड़ना नहीं चाहती है। दीदीजी भी कॉलेज से लौटते ही छात्रा को पढ़ाने बैठ जाती हैं।

एक दिन जब मैं ऑफिस जा रहा था तो उससे सीढ़ी पर मुलाकात हो गयी। सुनीति सीढ़ियाँ चढ़ रही थी और मैं नीचे उतर रहा था।

मुझ पर नजर पड़ते ही सुनीति ठिठककर खड़ी हो गयी।

''कैसा लग रहा है?'' मैंने पूछा, ''कोई असुविधा तो नहीं हो रही?''

सुनीति हँस दी—मीठी और संकोचहीन हँसी।

बोली, ''असुविधा क्यों होगी?''

''तुम्हारी छात्रा की लिखाई-पढ़ाई कैसी चल रही है?''

सुनीति बोली, ''बहुत ही अच्छा प्रोग्रेस हो रहा है। देखिए परीक्षा का रिजल्ट कैसा होता है!''

''तुम अपनी लिखाई-पढ़ाई कब करती हो? तुम्हारी छात्रा ही तो तुम्हारा सारा वक्त बरबाद कर देती है।''

सुनीति बोली, ''उससे मेरी लिखाई-पढ़ाई में कोई हर्ज नहीं होता है। उसी बीच मैं अपना काम निबटा लेती हूँ।''

मैंने उसे सतर्क करने के उद्देश्य से कहा, ''देखो, जिन्दगी-भर लड़कियों को पढ़ाने से ही तुम्हें कोई मुक्ति नहीं मिलने जा रही है। अपने-आप पर भी ध्यान रखना। क्योंकि तुम्हें अपने भविष्य के बारे में भी सोचना है।''

सुनीति मुसकराती हुई बोली, ''वीथि जब सो जाती है तो मैं रात में जगकर अपनी लिखाई-पढ़ाई करती हूँ।''

''बहुत ही अच्छी बात है।'' मैंने कहा।

यह कहकर मैं वहाँ रुका नहीं। अपने काम से बाहर निकल गया।

इसके बाद यथासमय भतीजी का परीक्षाफल निकला। जैसा कभी नहीं हुआ था, इस बार वही हुआ। वीथि परीक्षा में अव्वल आयी। उसने घर के हर आदमी के चरणों का स्पर्श किया।

शुरू में मेरे विस्मय का कोई ओर-छोर नहीं रहा।

बोला, ''क्यों क्या हुआ, एकाएक तुममें इतनी भक्ति क्यों उमड़ आयी। मैंने क्या किया है जो प्रणाम कर रही हो?''

वीथि बोली, ''मैं परीक्षा में अव्वल आयी हूँ, चाचाजी, अंग्रेजी में मुझे एट्टी-एट नम्बर मिले हैं।''

मैंने कहा, ''वाह-वाह, वेरी गुड गर्ल। अपनी दीदीजी को प्रणाम किया?''

''दीदीजी को सबसे पहले ही प्रणाम कर चुकी हूँ।''

उस दिन घर में उत्सव-जैसी चहल-पहल छा गयी। भाभीजी ने बहुत तरह की रसोई का इन्तजाम किया। मांस, मछली, अण्डा, खीर—कोई चीज बाकी नहीं रही। बिल्कुल शानदार इन्तजाम।

भैया बोले, ''यह क्या? आज एकाएक इतना आयोजन क्यों किया गया है?''

भाभी बोलीं, ''सुनो देवरजी, अपने भैया की बात सुन लो, लड़की परीक्षा में अव्वल आयी है, यह बात भी इन्हें याद नहीं है।''

भैया को तब बात याद आयी।

बोले, ''ओह, यह बात है। लगता है, इसीलिए सवेरे वीथि ने मुझे प्रणाम किया था। अब बात याद आयी। अच्छा ही किया है, उत्सव मनाना ही चाहिए। इतना अच्छा परीक्षाफल कैसे हुआ? लगता है, नकल की होगी।''

भाभी बोलीं, ''बाप रे, सुन रहे हो, देवरजी! अपने भैया का काण्ड देखो। घर पर सुनीति को जो रखा गया है, तुम्हारे भैया को यह बात याद है ही नहीं। इतना भुलक्कड़ आदमी ऑफिस का काम कैसे चलाता होगा? तुम्हारे भैया जैसे आदमी हैं इसीलिए आजकल दफ्तरों में कोई काम नहीं होता है।''

भैया बोले, "नहीं-नहीं-नहीं, अभी मुझे सारी बातें याद आ गयीं। अंग्रेजी में एट्टी-एट—अट्ठासी नम्बर मिले हैं। अब मुझे सारी बातें याद आ गयीं। हाँ, तो हम लोगों को तो चटपटा भोजन खिलाया, मगर वीथि को तुमने क्या दिया?"

भाभी बोलीं, "इसके लिए तुम्हें चिन्ता करने की जरूरत नहीं।"

वीथि बोली, "मुझे माँ ने एक रेशमी फ्रॉक खरीद दिया है।"

"यह बात! बस, एक फ्रॉक? बाकी किसी ने तुमको कुछ नहीं दिया? इतनी मेहनत से तुमने लिखाई-पढ़ाई की और बदले में बस एक फ्रॉक ही?"

बात सुनकर वीथि का चेहरा बुझ गया।

भैया बोले, "खैर, तुम मन छोटा मत करो, मैं तुम्हें एक चीज दूँगा।"

"क्या?"

भैया बोले, "तुम क्या लेना चाहती हो?"

वीथि बोली, "मैं घड़ी लूँगी।"

"घड़ी? इतनी छोटी उम्र में घड़ी लेकर क्या करोगी?"

"मैं आपकी तरह हाथ में बाँधूँगी।"

भैया बोले, "छिः, इस उम्र में लड़कियाँ कहीं घड़ी लगाती हैं? किसी को घड़ी लगाते देखा है?"

वीथि कुछ देर तक सोचती रही, उसके बाद बोली, "फिर मुझे सोने का हार खरीद दीजिए।"

"सोने का हार? ठीक है, वही ला दूँगा।

कहकर भैया ने मुक्ति पा ली। वे बोलते हैं और फिर भूल जाते हैं। अन्त में हार के बारे में तकाजे करते-करते जब वीथि ने सभी का जीना हराम कर दिया तो भाभी बोलीं, "देवरजी, तुम उसके लिए हार बनवा दो। उसके तकाजे के कारण घर में टिकना मुश्किल हो गया है।"

मैंने कहा, "हार बनवा दूँगा, भाभीजी। मगर मेरा कहना है कि आपको सुनीति को भी कुछ-न-कुछ देना ही चाहिए। वीथि के लिए उसने बेहद मेहनत की है—यहाँ तक कि उसकी पढ़ाई में भी हर्ज हुआ है।"

भाभी बोलीं, "तुम सोचते हो कि मैंने सुनीति को कुछ भी नहीं दिया है? मुझे क्या उस तरह का आदमी समझते हो?"

"आप दे चुकी हैं? अच्छा ही किया। सुनीति सचमुच ही बहुत अच्छी लड़की है। वीथि के लिए बहुत मेहनत की है।"

भाभी बोलीं, ''हाँ, उसी दिन दे चुकी हूँ, जिस दिन वीथि का रिजल्ट निकला था। डेढ़ सौ रुपये की प्योर सिल्क साड़ी खरीद दी है, साथ-ही-साथ उसकी तनख्वाह में बीस रुपये की बढ़ोत्तरी कर दी है।''

मैंने कहा, ''मगर उसे कभी उस साड़ी में नहीं देखा!''

भाभी बोलीं, ''मैंने भी सुनीति से यही बात कही थी। पूछा था : वह साड़ी तो तुम कभी पहनती नहीं हो। सुनीति ने बताया कि उतनी कीमती साड़ी पहनने में उसे शर्म लगती है।''

मैं तो अवाक् रह गया! कीमती साड़ी पहनने में शर्म लगती है!

भाभी बोलीं, ''कीमती साड़ी, कीमती गहना वगैरह पहनने में उसे शर्म लगती है। सुनीति का कहना है, वह गरीब घर की लड़की है, उसे गरीब की तरह ही रहना अच्छा लगता है।''

मैंने कहा, ''ऐसा भी तो हो सकता है कि हमेशा गरीब न रहे। हो सकता है, किसी दिन बड़े आदमी के लड़के से उसकी शादी हो जाये। फिर तो उसको कीमती साड़ी और गहना पहनना पड़ेगा।''

यह बात मैंने एक दिन सुनीति से भी कही थी। उस दिन सुनीति के कॉलेज में कोई उत्सव था। शायद नाटक या संगीत का कोई आयोजन था। मुझसे रास्ते में उसकी मुलाकात हो गयी।

पूछा, ''अभी कहाँ जा रही हो?''

सुनीति मुझे देखकर ठिठककर खड़ी हो गयी थी। उत्तर में बोली, ''कॉलेज।''

''इस वक्त?''

''आज हम पुरानी छात्राओं के पुनर्मिलन का उत्सव है।''

''तुम इस तरह के सादे लिबास में क्यों जा रही हो? थोड़ा-बहुत साज-सिंगार करने में हर्ज ही क्या था?''

सुनीति ने इस बात का उत्तर नहीं दिया। सिर झुकाकर खड़ी रही।

मैंने कहा, ''तुम्हारे पास कोई अच्छी साड़ी नहीं है?''

''है।''

''फिर पहनी क्यों नहीं?''

सुनीति ने इस बात का भी उत्तर नहीं दिया।

मैंने कहा, ''अच्छी साड़ी पहनने में तुम्हें शर्म लगती है?''

सुनीति ने इतना ही कहा, ''हाँ।''

मैंने कहा, "अच्छी साड़ी-ब्लाउज़ पहनना क्या शर्म की बात है? इसके अलावा माथे पर बिन्दी नहीं लगायी है, मुँह पर पाउडर नहीं लगाया। यह सब करने में तुम्हें शर्म लगती है? यह सब तो हर औरत करती है।"

सुनीति ने इस बात का भी कोई उत्तर नहीं दिया। मैं अब खड़ा नहीं रहा। मेरे रवाना होते ही सुनीति जिधर जा रही थी उधर ही चल दी।

घर आने पर मैंने जब भाभीजी से सब-कुछ कहा तो वे बोलीं, "मैं जानती हूँ, वह वैसी ही है। जानते हो देवरजी, मैं कहूँगी तो तुम यकीन नहीं करोगे, वह बहुत ही कम खाती है। चिड़िया जितना खाती है, उतना ही। वीथि जितना चावल खाती है उससे भी कम। उस पर हर मंगलवार उपवास करती है।"

भाभीजी की बात सुनकर मैं आश्चर्यचकित रह गया। कहा, "इस उम्र में उपवास? उपवास क्यों करती है?"

"मंगलवार को भात वगैरह कुछ भी नहीं खाती है। फरुही-चिउड़ा वगैरह खाती है। उसका कहना है कि इससे तबीयत ठीक रहती है। और अगर उसके कमरे के अन्दर जाओगे तो हैरानी होगी।"

"क्यों? कमरे में क्या है?"

भाभीजी बोलीं, "देवी-देवताओं की तसवीरों से पूरा कमरा भरा है। कोई काली माँ की तो कोई शिव की।"

मैंने पूछा, "और किसी दूसरे की तसवीर नहीं है?"

"नहीं। उस दिन गहरी रात में नींद टूटने के बाद मैं उसके कमरे की बगल से जा रही थी। देखा, पढ़ना समाप्त कर, माँ काली की तसवीर के सामने खड़ी है और हाथ जोड़कर प्रणाम करती हुई कुछ बुदबुदा रही है।"

मैंने कहा, "देवी-देवताओं को प्रणाम करना तो अच्छी बात है।"

"अच्छी तो है ही। मैं खराब थोड़े ही कह रही हूँ? मगर तुम कल्पना नहीं कर सकते कि कब तक उसकी पूजा का सिलसिला चलता रहा! सोचा, देखूँ, कब तक पूजा करती है। उसकी पूजा खत्म होने का नाम ही नहीं ले रही थी, आधे घण्टे तक पूजा का सिलसिला चलता रहा। अन्त में बहुत देर के बाद कमरे की रोशनी बुझाकर सोने गयी। मैं तो उसका काण्ड देखकर हैरत में आ गयी। किसी भी लड़की में इतनी कम उम्र में देवी-देवताओं के प्रति मैंने ऐसी भक्ति नहीं देखी थी। उसकी जैसी उम्र की आज की लडकियों का चरित्र देख ही रही हूँ। पूजा-भक्ति के प्रति उनमें कोई

लगाव नहीं रहता है। बस, सजना-सँवरना और नाटक-सिनेमा के पीछे ही व्यस्त रहती हैं।''

भाभी की बातों में कितनी सचाई है, इसका प्रमाण कुछ दिनों के बाद ही मिल गया।

उस दिन दफ्तर से मैं जल्दी-जल्दी वापस आ रहा था। देखा, सुनीति अकेली ही घर वापस जा रही है। उसके हाथ पर सखुए के पत्ते में लिपटा अड़हुल के फूलों का एक हार है। माथे पर सिन्दूर की एक चौड़ी बिन्दी। सुनीति की दृष्टि मुझ पर नहीं पड़ी थी। अपने-आप में डूबी हुई वह तेज कदमों से घर की ओर जा रही है। मुझे मालूम था कि सुनीति उस तरह की लड़की नहीं है जो सड़क पर चलते वक्त इधर-उधर निगाह दौड़ाती रहती है। मगर मैंने यह नहीं सोचा था कि वह इस तरह पूजा के लिए फूल ले आयेगी। मुझ पर नजर पड़ते ही वह अचकचा उठी। मैं उसके पास गया। पूछा, ''क्या बात है, आज तुम कॉलेज गयीं नहीं?''

सुनीति बोली, ''आज हमारा कॉलेज बन्द है?''

''क्यों? बन्द क्यों है?''

सुनीति बोली, ''आज हितसाधिनी व्रत है। इसी से माँ के मन्दिर में पूजा करने गयी थी।''

''हितसाधिनी व्रत? यह कौन-सा व्रत है?''

सुनीति सिर झुकाकर बातचीत कर रही थी। उसी स्थिति में बोली, ''हितसाधिनी व्रत करने से सभी की भलाई होती है।''

''सभी की क्या भलाई होती है?''

सुनीति ने कहा, ''पंचांग में जो लिखा है, वही बता रही हूँ।''

''मगर मैंने तो पूछा है कि क्या भलाई होती है?''

सुनीति बोली, ''इस व्रत का पालन करने से मनुष्य को सुख-शान्ति मिलती है, उसकी अभिलाषा पूर्ण होती है।''

मैंने कहा, ''तुम्हें कौन-सी अशान्ति है जो इस व्रत का पालन करती हो?''

सुनीति तत्काल इस बात का उत्तर नहीं दे सकी। उसके बाद उसी तरह माथा झुकाये बोली, ''मैं क्या केवल अपनी ही भलाई के लिए पूजा करती हूँ। जिससे सभी की भलाई हो, इसी उद्देश्य से पूजा करती हूँ।''

''सबका मतलब?''

"सबका मतलब वीथि, बड़े भैया, भाभीजी..."

"और किसकी?"

मैंने कहा, "और तुम्हारी अपनी नहीं?"

इस बात का उत्तर देने में सुनीति का माथा जैसे और भी झुक गया। उसके बाद बोली, "सभी की भलाई होने से ही मेरी भलाई होगी। मुझ अकेली की कौन-सी भलाई होगी?"

मैंने कहा, "देवी-देवताओं से लोग अपनी भलाई के लिए भी प्रार्थना करते हैं।"

सुनीति बोली, "मैं अच्छी तरह से हूँ ही। मुझे कोई कष्ट नहीं है।"

उसके बाद तनिक संकोच के साथ बोली, "आपने मेरी जो भलाई की है, मैं उसे जीवन-भर भूल नहीं पाऊँगी। इससे अधिक मेरे-जैसा गरीब आदमी और किस चीज की कामना कर सकता है?"

इतना कहने के बाद वह वहाँ रुकी नहीं। हम घर पहुँच चुके थे, वह जल्दी-जल्दी घर के अन्दर चली गयी।

रात में भाभीजी से मैंने सुनीति के बारे में बताया। भाभीजी को तनिक भी आश्चर्य न हुआ। बोलीं, "बाप रे, तुम्हें उस पगली का काण्ड मालूम नहीं है! वह पंचांग देख-देखकर हर व्रत-त्योहार का पालन करती है। महीने में पन्द्रह दिन उसका उपवास करते ही बीतता है। मैं बहुत समझा चुकी हूँ, मगर वह मानती ही नहीं। मैं कहती हूँ : यह सब व्रत-त्योहार करना ही है तो शादी के बाद किया करना। जब तक शादी नहीं होती है तब तक आराम करो। मगर वह ठहरी पगली लड़की, मेरी बात क्यों मानने लगी?"

मैंने कहा, "शायद सुनीति के मन में यह धारणा बैठ गयी है कि व्रत करने से उसे अच्छा पति मिलेगा।"

भाभीजी बोलीं, "नहीं, ऐसी बात नहीं है। उसका कहना है कि उसकी माँ ने उससे कहा है, नियमपूर्वक व्रत-त्योहार का पालन किया करो और यही वजह है कि वह वैसा करती है।"

सोचा, ठीक ही है। आज के समाज में आदमी जिस तरह रह रहा है, उसकी तुलना में सुनीति का आचार-विचार चाहे जितना ही पुराना क्यों न हो, मगर स्थायी मूल्य उसी का है। खासतौर से भारतीय महिला-समाज के

लिए। अब भी हमारे इस संसार में सुख का अगर लवलेश है तो उसका श्रेय मुट्ठी भर धर्मपरायण स्त्रियों को ही है। भारतीय नारी-समाज की उस धर्मपरायणता और सत्यबोध के कारण ही अब भी पुरुषगण टिके हुए हैं।

मैंने भाभीजी से कहा, "यह अच्छा ही काम है। आप इसके लिए उससे कुछ मत कहिए। वह जैसा कर रही है, करने दीजिए।"

उसके बाद वीथि की जिम्मेदारी सुनीति पर छोड़कर भाभीजी जिस तरह निश्चिन्तता के साथ रहने लगीं, मैं भी उसी तरह की निश्चिन्तता महसूस करने लगा।

[चार]

अब उस सोने के हार की बात बताता हूँ।

मेरी भतीजी को भैया ने सोने का जो हार खरीदकर दिया था, उसी सोने के हार की बात।

सोने का वह हार इस कहानी का अनिवार्य उपादान है। एक बात में यही कहा जा सकता है कि भैया अगर सोने का हार खरीदकर अपनी लड़की को नहीं देते तो यह कहानी लिखने की जरूरत ही नहीं पड़ती।

सुनीति के आने के बाद हमारी गृहस्थी जिस निश्चिन्तता के साथ चलने की बात थी, उसी निश्चिन्तता के साथ चल रही थी। एकाएक एक मुसीबत आ गयी।

एक दिन, स्कूल के वार्षिक पुरस्कार-वितरण के उपलक्ष्य में वीथि सालगिरह के मौके पर उपहार में मिले अपने हार को पहनकर स्कूल गयी थी। मगर वह चोरी चला गया। किसने चोरी की, कब चोरी हुई, वीथि इसके बारे में कुछ भी बता नहीं सकी।

उसकी माँ ने पूछा, ''हार पहनकर तू कहाँ-कहाँ गयी थी? कब चोरी हुई?''

वीथि इन बातों का कोई जवाब नहीं दे सकी। उसकी आँखें छलछला आयीं। इतना प्यारा उसका हार कहाँ गया?

वह कहने लगी, ''मुझे एक दूसरा हार चाहिए। मुझे एक दूसरा हार खरीद दो।''

घर आने पर भैया को यह खबर मिली। सुनकर बोले, ऐसी बात?''

''बस, इतना ही।'' इससे ज्यादा कहने या सोचने का भैया के पास वक्त नहीं है। अपनी गृहस्थी के बारे में सोचने के बनिस्बत भैया को ऑफिस की ही ज्यादा चिन्ता रहती है।

भैया बीच-बीच में सिर्फ यही कहते थे, ''उतनी फिक्र मत करो, सब ठीक-ठाक हो जायेगा।''

भाभीजी कहतीं, ''सुन रहे हो न देवरजी, अपने भैया की बात सुन रहे हो न! फिक्र किये बगैर कैसे चलेगा? मैं अगर फिक्र नहीं करती तो गृहस्थी

चल सकती थी? अगर मैं ठीक वक्त पर बाजार से सामान नहीं मँगवाऊँ, ठीक वक्त पर रसोई नहीं पकाऊँ, सभी को वक्त पर खाना नहीं दूँ तो तुम लोग स्कूल-दफ्तर ठीक समय पर पहुँच सकते हो?''

उसके बाद कभी-कभी कहतीं, ''जी में होता है, कुछ दिनों के लिए बाहर चली जाऊँ, फिर देखूँ, तुम लोगों की गृहस्थी कैसे चलती है। काश, ऐसा कर पाती तो सभी की समझ में यह बात आ जाती कि गृहस्थी चलाने के लिए चिन्ता-फिक्र करनी पड़ती है या नहीं।''

उसके बाद भैया की ओर ताकती हुई कहतीं, ''तुम तो मुझे चिन्ता-फिक्र करने के लिए मना करते हो, फिर तुम अपने दफ्तर के बारे में इतना क्यों सोचते रहते हो?''

उत्तर में भैया मेरी ओर देखकर मुसकरा देते थे। कहते, ''अपनी भाभी की बात सुन ली न? ऑफिस और गृहस्थी जैसे एक ही चीज है? ऑफिस का चलना और गृहस्थी का चलना क्या एक ही जैसा होता है? एक कहलाता है घर और दूसरा ऑफिस। घर से ऑफिस की तुलना हो सकती है? मेरे ऑफिस में मेरे अधीन कितने आदमी काम करते हैं, इसके बारे में तुम्हारी भाभी कुछ अनुमान लगा सकती हैं? अभी खाने बैठा हूँ, फिर भी मेरे दिमाग में ऑफिस की बातें चक्कर काट रही हैं। कैसे नहीं चक्कर काटेंगी? तुम भी ऑफिस में ही काम करते हो, तुम्हारे दिमाग में हर वक्त ऑफिस की चिन्ता नहीं रहती है? जो लोग किरानीगीरी करते हैं, उनकी बात ही अलग है। मगर यह तो कोई किरानीगीरी नहीं है। ये सब बातें तुम्हारी भाभी के दिमाग में नहीं आयेंगी।''

भाभीजी को गुस्सा हो आता।

''अगर घर की बात तुम नहीं सोच सकते थे तो फिर शादी ही क्यों की? फिर गृहस्थी बसाने को किसने कहा था? मैंने क्या कसम दी थी मुझसे ही शादी कर लो। गृहस्थी बसाने के लिए तुम्हारी खुशामद की थी? क्या मैंने तुमसे यही कहा था कि अजी, मुझसे शादी कर लो, तुम मुझसे शादी नहीं करोगे तो मैं जिन्दा नहीं रहूँगी, गले में फन्दा डालकर मर जाऊँगी, यह सब तुमसे कहने गयी थी?''

भैया कहते, ''लो, मैंने क्या कहा और तुम्हारी भाभी क्या कह रही हैं? अब तुम्हीं बताओ, मैं इस बात का क्या उत्तर दूँ?''

भैया और भाभी दोनों-के-दोनों इस तरह की बातों में मुझे गवाह के रूप में स्वीकार लेते थे और मैं उन दोनों का काण्ड देखकर हँसा करता था। ये सब हमारे घर की अन्दरूनी तसवीरें हैं।

मगर अब की हार की चोरी के मामले में मैंने सोचा था, भैया शायद थोड़ा-बहुत चिन्तित हो उठेंगे। जब ऐसा नहीं हुआ तो मुझे ही कदम उठाना पड़ा।

पुलिस-लाइन मेरा अपना ही क्षेत्र है। यद्यपि हमारा इस विभाग से सीधा सम्बन्ध नहीं है, फिर भी सभी से मेरी जान-पहचान है। हमारे दोस्त-मित्रों के बीच विजय को बहुत ही कम दिनों में ऊँचा पद हासिल हो गया था। विजय सरकार लाल बाजार के चीटिंग डिपार्टमेण्ट का इंजार्च था।

मैंने विजय सरकार को सारी बातें बतायीं।

विजय बोला, "फिक्र मत करो। देखो, मैं क्या करता हूँ।"

विजय पक्का आदमी है। दो बार उसे अच्छे काम के लिए पुलिस-मेडल मिल चुका है। जो कार्रवाई तुरन्त होनी चाहिए, उसने की। चारों तरफ आदमी भेज दिये। एक एस० आई० पर इस मामले की खोज-खबर की जिम्मेदारी सौंप दी और बाकी पूरी जिम्मेदारी अपने-आप स्वीकार ली।

मैंने बहुत-कुछ राहत की साँस ली।

[पाँच]

उन दिनों कलकत्ता शहर में राहजनी का बाजार गर्म था। हर रोज कहीं-न-कहीं राहजनी की कोई-न-कोई घटना होती ही रहती थी! हावड़ा स्टेशन के प्लेटफार्म पर, सड़कों पर, गलियों और मुहल्ले में शाम के वक्त औरतों के लिए सोने का गहना पहनकर निकलना खतरे से खाली न था। यही वजह है कि रोल्ड गोल्ड की ज्यादा पूछ होने लगी थी। रोल्ड-गोल्ड की गहने की दुकानों में खरीदनेवालों की भीड़ लगी रहती थी।

तब इस बात की मैंने कल्पना नहीं की थी कि शेर के घर में ही लोमड़ी वास करती है, हालाँकि मैं भी पुलिस में ही नौकरी कर रहा था। पुलिस के आदमी के घर की छोटी लड़की के गले के हार की चोरी होगी, यह बात मेरी कल्पना के परे की चीज थी।

मेरी भतीजी वीथि रोती-धोती रहती थी, ''मुझे एक हार खरीद दो।''

भाभीजी उसको डाँटती थीं, ''तुमने हार क्यों खो दिया। अब मैं तुम्हें हार खरीदकर नहीं दूँगी।''

सुनीति का मन उदास रहने लगा था।

सुनीति कहती, ''गलती मेरी ही है भाभीजी, मैंने ही उसे हार पहनने को कहा था। मेरे ही कारण उसका इतना कीमती हार चला गया।''

भाभीजी कहतीं, ''स्कूल के पारितोषिक के दिन हार पहनना कौन-सा गुनाह है। उसने जिद की, तुमने भी कहा और मैंने हार पहना दिया। मगर वह तो इतनी बड़ी लड़की हो चुकी है, हार छीना तो उसको पता ही नहीं चला?''

मैं कहता, ''उसे डाँटने-फटकारने से फायदा ही क्या होने जा रहा है, भाभीजी? आजकल कितनी ही जवान औरतों के गले से गुण्डे हार छीन लेते हैं। उन औरतों की तुलना में यह निहायत बच्ची है। इसे अभी अक्ल ही कितनी है।

सुनीति ने पहले दिन से ही रोना-धोना शुरू कर दिया था। हमसे आँखें मिलतीं तो वह अपनी आँखें झुका लेती थी। पहले की तरह भरपेट खाती भी नहीं थी। किसी तरह दो कौर निगलकर आँखों की ओट हो जाती थी,

जैसे आँखों की ओट होने से ही उसे चैन मिलेगा। उसके बाद कॉलेज जाने के नाम पर या तो वह घर के बाहर चली जाती या अपने कमरे के अन्दर जाकर चिटकनी बन्द कर देती और छिप-छिपकर यातना से छुटकारा पाने की कोशिश करती रहती थी।

मगर वह यातना क्यों सह रही है, यह बात मेरी समझ में नहीं आती थी।

भाभीजी ने एक दिन सुनीति को पकड़ा।

पूछा, "तुम इतना सोचती क्यों रहती हो, सुनीति? तुमने कौन-सी गलती की है? मेरी लड़की के हार की चोरी हुई है, तुम्हें क्यों तकलीफ हो रही है? इसमें तुम्हारा क्या दोष है? हमने कभी कहा है कि हार की चोरी के लिए तुम जिम्मेदार हो?"

सुनीति ने कहा, "गलती मेरी ही है, भाभीजी।"

"क्यों? तुम खुद को दोषी क्यों महसूस करती हो? तुमने कौन-सी गलती की है?"

सुनीति बोली, "मैंने ही वीथि का साज-सिंगार करने को कहा था, भाभीजी। मैंने ही कहा था कि उसे हार पहना दीजिए, आज सभी देखेंगे।"

"इसमें तुमने क्या अन्याय किया? पारितोषिक के दिन लोग साज-सिंगार करते ही हैं। साल में एक ही दिन ऐसा होता है जब पारितोषिक दिया जाता है। उसी दिन लोग बढ़िया खाते-पीते हैं, लड़कियाँ बढ़िया साड़ी, ब्लाउज, फ्रॉक पहनती हैं, गहना पहनती हैं। उस पर परीक्षा में उसने श्रम किया था, स्कूल के प्राइज-फंक्शन में उसे प्राइज लेने के लिए जाना था, ऐसी हालत में गहना पहनकर जाना ही उचित था। हमारी बदकिस्मती की वजह से ही हार की चोरी हुई है, उसके लिए व्यर्थ ही तुम तकलीफ झेल रही हो।"

सुनीति बोली, "नहीं भाभीजी, गलती मेरी ही है।"

"क्यों, तुम इसे अपनी गलती क्यों कह रही हो?"

"गलती मेरी ही है" सुनीति ने कहा, "क्योंकि मैं उसके साथ थी भाभीजी, अपने साथ मैं उसे ले गयी थी, इसलिए उचित यही था कि मैं उसे अपने साथ ही ले आती। मैं उसके साथ क्यों नहीं आयी? क्यों मैंने उसे अकेली छोड़ दिया?"

भाभीजी बोलीं, "तो तुम यह कहना चाहती हो कि तुम रहतीं तो हार की चोरी नहीं होती? बटमार लोग बड़ी-बूढ़ी औरतों के गले से हार नहीं

निकाला करते? खैरियत यही कहो कि हार की ही चोरी हुई, तुम रहतीं तो जान पर भी खतरा आ सकता था। हो सकता है, तुम बाधा डालती और वे चाकू चलाकर तुम दोनों की हत्या कर डालते। इससे तो बेहतर यही है कि एक मामूली हार से ही खतरा टल गया।''

मगर सुनीति का मन उस दिन जो उदास हुआ, बाद में फिर कोई परिवर्तन नहीं आया।

भाभीजी बोलीं, ''जानते हो देवरजी, मुझसे ज्यादा तकलीफ तो सुनीति को ही पहुँची है।''

मैंने कहा, ''यह बात है?''

''हाँ, यद्यपि उसमें उसकी कोई गलती नहीं है।''

बात सही ही है। सचमुच सुनीति का कोई दोष नहीं है। उसकी छात्रा के स्कूल में पारितोषिक-वितरण-समारोह था। छात्रा ने परीक्षा में अव्वल दर्जा पाया है। यही वजह है कि सुनीति उसे सजा-धजाकर ले गयी थी। सुना, लौटने के वक्त वीथि की सहेलियाँ दल बाँधकर घर लौट रही थीं। आने के समय वीथि ने सुनीति से कहा था—दीदीजी, मैं इन लोगों के साथ जी रही हूँ, ये लोग मुझे अपने साथ जाने को कह रही हैं।''

सुनीति ने सोचा, सहेलियों से मुलाकात हुई है, सभी मिलकर खुशियाँ मानना चाहती हैं, तो मनाने दो। सोने का नया हार मिला है। बचपन में सभी को दिखावे का चाव रहता है।

वीथि की सहेलियों ने कहा था, ''आप चिन्ता मत करें, दीदीजी, हम उसे गाड़ी से ले जा रही हैं, गाड़ी से ही उसे घर पहुँचा देंगी।''

उसके बाद की घटना विचित्रताओं से भरी है। सहेलियों के घर पर खान-पान चला था। इसी से वहाँ कुछ देर हो गयी। उसके बाद वीथि जब अपनी सहेलियों के घर से लौटने लगी तो गाड़ी खराब हो गयी। कुछ दूर चलकर रुकी तो फिर रुकी ही रह गयी।

वीथि की सहेली का मकान उतना दूर नहीं था जहाँ से पैदल नहीं आया जा सकता। वह अपनी सहेली और उसकी दाई के साथ वापस आयी थी। बातचीत करते हुए पैदल आने में उन्हें कौन-सी असुविधा हो सकती थी? कुछ भी नहीं।

उसके घर आने के पहले सुनीति घर पहुँच चुकी थी।

भाभीजी ने सुनीति पर नजर पड़ते ही पूछा, ''वीथि कहाँ है? वह तुम्हारे साथ नही आयी? कहाँ गयी है!''

सुनीति को भी आश्चर्य लगा। वह बोली, ''वह अभी तक आयी नहीं?''

''नहीं।''

सुनीति बोली, ''वह अपनी सहेलियों के साथ गाड़ी से उनके घर पर गयी थी। मुझसे कह गयी कि ज्यादा देर नहीं लगायेगी, वे लोग वीथि को अपनी गाड़ी से घर पहुँचा देंगी। मैंने हामी भर दी। सोचा, शायद वह अपना सोने का हार सभी को दिखाना चाहती है। मगर अब तक लौटकर आयी क्यों नहीं?''

शुरू में भाभीजी को उतनी चिन्ता नहीं हुई। मगर शाम ज्यों ही रात में बदलने लगी, उनकी चिन्ता की मात्रा बढ़ने लगी।

अन्त में सुनीति ने कहा, ''मैं वीथि की सहेली के घर पर जाकर एक बार देख आती हूँ भाभीजी।''

भाभीजी बोलीं, ''तुम उसका मकान पहचानती हो?''

सुनीति बोली, ''मैं लोगों से पूछकर उसके मकान का पता लगा लूँगी, आप चिन्ता मत करें।''

सुनीति बाहर निकलने जा ही रही थी कि उसी वक्त वीथि घर आयी। उसके साथ उसकी सहेली और उसकी बूढ़ी नौकरानी थी।

शुरू में भाभीजी की ही नजर उस पर पड़ी। वे दौड़ती हुई आयीं।

बोलीं, ''कहाँ थीं इतनी देर तक? हम तुम्हारे लिये चिन्तित थे।''

वीथि के बदले उसकी सहेली ने जवाब दिया, ''हमारी गाड़ी एका-एक गड़बड़ा गयी, मौसीजी, इसी वजह से आने में देर हो गयी, आप अन्यथा मत सोचें।''

लड़की जब वापस आ ही गयी है तो इसमें चिन्ता की कौन-सी बात हो सकती है? खैर, झंझट से छुटकारा मिला। वीथि को पारितोषिक के रूप में क्या मिला है, सभी उसे देखने की हड़बड़ी मचाने लगे। गृहस्थी में अकसर इस तरह की झंझटें आती हैं और फिर दूर भी हो जाती हैं। आमतौर से आगे चलकर इन झंझटों की बातें याद भी नहीं रहतीं और कोई भी याद नहीं रखना चाहता है। क्योंकि उसी समय एक नयी झंझट की शुरुआत हो जाती है और पुरानी झंझट आदमी के मन से दूर हो जाती है। इसीलिए किसी ने कहा है—आदमी के जीवन का अर्थ ही है कुछ झंझटों का इकट्ठा होना। यह बात असत्य नहीं है। लोग-बाग अपने अतीत जीवन की यदि परिक्रमा करें तो इस बात की सचाई उनकी समझ में आ जायेगी।

उस दिन वीथि के स्कूल से लौटने के पीछे इतनी बड़ी प्रतिकूल स्थिति जो छिपी थी, इसकी कल्पना किसने की थी?

और उस विपर्यय के साँप ने कुछ देर बाद ही अपना फन फैलाया। तब वीथि की सहेली अपनी बूढ़ी नौकरानी के साथ घर लौट चुकी थी।

''बाप रे, तुम्हारे गले का हार क्या हुआ? तुम्हारे गले में मैंने नया हार पहना दिया था न?''

बात तो सही है। वीथि ने भी हाथ से अपना गला छुआ। सचमुच, उसके गले में हार नहीं है।

उसके बाहर एक-एक कर जिरह होने लगी। उसने कहीं हार को गले के बाहर निकाला था या नहीं, किसी ने उससे हार देखने को माँगा था या नहीं—इसी तरह विविध प्रश्नों की झड़ी लग गयी। वीथि किसी भी प्रश्न का ठीक-ठीक उत्तर नहीं दे सकी। इतने-इतने प्रश्नों से हतप्रभ होकर वह अन्त में रोने लगी।

बोली, ''कुछ भी मेरी समझ में नहीं आ रहा है।''

सुनीति बगल में ही खड़ी थी। भाभीजी ने उससे पूछा, ''सुनीति जब तुम्हारे साथ गयी थी, उसके गले में हार था?''

सुनीति बोली, ''उस वक्त तो था ही। उसके बाद वह जब प्राइज लेने मंच पर गयी तो उस वक्त भी था। उसके बाद की बात मुझे मालूम नहीं है।''

''कहीं उसकी नौकरानी ने तो नहीं निकाल लिया?''

सुनीति बोली, ''मैं उनके घर से एक बार हो आऊँ, भाभीजी?''

''जाकर क्या करोगी?''

''उसकी नौकरानी से पूछूँगी कि उसने लिया है या नहीं। या जाकर देख आती हूँ कि कहीं उसने वहीं छोड़ तो नहीं दिया है।''

हम लोग तब घर पर नहीं थे—न तो भैया ऑफिस से लौटे थे और न मैं ही। इसलिए सुनीति अकेली ही वहाँ गयी।

वहाँ से एकाध घण्टे बाद वापस आयी।

जब हम घर पर नहीं थे, सुनीति खुद वीथि की सहेली के घर पर गयी, जाकर इस अप्रिय प्रसंग के सम्बन्ध में बातचीत की। उसी दिन सुनीति के जीवन में घनघोर अशान्ति ने डेरा डाल दिया था। जब वह घर वापस आयी, उसके चेहरे पर रुलाई की छाप थी। उसके मुँह से एक शब्द बाहर नहीं नेकल रहा था।

भाभीजी ने सामने आकर पूछा, "क्या हुआ? तुम इस तरह क्यों कर रही हो? तुम्हें क्या हुआ?"

सुनीति जैसे बात करने में तकलीफ महसूस कर रही हो।

किसी तरह वह बोली, "नहीं; उन लोगों के घर में नहीं मिला।"

भाभी बोलीं, "नहीं का मतलब? उन लोगों ने क्या कहा? वीथि ने वहाँ गले से हार उतारा नहीं था?"

सुनीति बोली, "उन लोगों का कहना है कि उन्होंने हार देखा ही नहीं था।"

"और उन लोगों की बूढ़ी नौकरानी ने क्या कहा?"

"उसने भी यही कहा कि हार पर उसकी नजर पड़ी ही नहीं थी?"

सुनीति बोली, "नहीं, उसने भी नहीं देखा था।"

"फिर हार कहाँ गया? वीथि स्कूल से हार पहने उन लोगों के घर पर ही गयी थी और उसके बाद नौकरानी के साथ घर वापस आयी है। इसी बीच क्या हार गले से खुलकर सड़क पर गिर गया?"

सुनीति के पास इसका कोई उत्तर नहीं है। वह अब वहाँ खड़ी नहीं रही। अपने अपराध भाव से अवसन्न होकर वह जैसे अपने पाँवों के बल खड़ी रहने में अपने-आपको असमर्थ पा रही हो। जल्दी-जल्दी अपने कमरे के अन्दर चली गयी और दरवाजा बन्द कर लिया।

मैं जब घर लौटा तो भाभीजी ने मुझे सारी बातें विस्तारपूर्वक बतायीं। मैंने पूछा, "सुनीति कहाँ है?"

भाभीजी बोलीं, "अपने कमरे के अन्दर जाकर उसने सिटकनी बन्द कर ली है और रो रही है।"

"क्यों? रो क्यों रही है? आपने सुनीति से कुछ कहा था?"

"मैं उस पर क्यों बिगड़ूँगी, देवरजी? वह ऐसी लड़की है कि भय से काँप रही है, उस पर मैं उससे क्या कहती? इसके अलावा उसका कोई दोष भी नहीं है। गलती है तो तुम्हारी भतीजी की ही। वह अपने सहेली के घर क्यों गयी? उचित तो यही था कि सुनीति के साथ लौट आती।"

इसके बाद मैं कह ही क्या सकता था?

[छह]

उस दिन विजय सरकार ने एकाएक मुझे बुलवा भेजा।

''समय निकालकर एक बार मेरे ऑफिस में आ जाना।'' उसने कहा।

मैंने पूछा, ''कुछ पता चला?''

''सब-कुछ बताऊँगा। आओ तो सही।''

अपना काम छोड़-छाड़कर उस दिन उसके पास पहुँचा। ज्यों ही मैं पहुँचा, विजय बोला, ''लगता है, अब तुम्हारी भतीजी के हार का पता चल जायेगा।''

''कैसे?''

विजय बोला, ''एक एप्रूवर मिल गया है—यानी सरकारी गवाह।''

''वह कौन है?''

''हम लोगों का वैरागी। वैरागी सामन्त।'' विजय ने बताया।

वैरागी सामन्त हम लोगों की एक लाइन में एक अजीब चरित्र है। वह मुझे भी काफी केस दे चुका है। ऐसा कोई काम नहीं जो वैरागी सामन्त से नहीं हो सकता। ऐसी कोई जगह नहीं जहाँ उसकी पहुँच न हो। वह गरीब है। नशाखोरी करता है। यही कारण है कि उसे जब-तब पैसे की जरूरत पड़ती है। चाहे वह लाख नशाखोरी क्यों न करे, पैसे के लिए उसे बीच-बीच में हमारे पास आना ही पड़ता है। मगर वह जिस काम को अपने हाथ में ले लेता था उसे बिना पूरा किये छोड़ता नहीं था। अगर मैं कहता, ''वैरागी, मेरे मित्र का मनीबैग चोरी हो गया है, तुम उसे खोजकर ला दे सकते हो? बख्शीश मिलेगी।''

वैरागी तुरन्त तैयार हो जाता था।

वह कहता, ''मनीबैग? किस तरह का मनीबैग? रंग कैसा है? उसके अन्दर कितने रुपये थे? कब चोरी हुआ है?''

जब मैं उसे मनीबैग के रंग और उसके अन्दर में पड़े रुपये की तादाद की सूचना देता तो वह पूछता, ''किस मुहल्ले में चोरी हुई है?''

मैं कहता, ''चितपुर में, चार नम्बर बस के अन्दर।''

वैरागी कहता, ''ठीस है सर, आप चिन्ता मत करें।''

यह कह वह जाने के पहले कहता, ''मुझे एक रुपया पेशगी के तौर पर दीजिए, सर, कुछ खर्च वगैरह करना है।''

वैरागी रुपया लेकर सलाम करता और चल देता था। फिर तीन-चार दिनों के बाद माल बरामद कर हाजिर होता था।

हँसते हुए बैग मेरी ओर बढ़ाकर कहता, ''अन्दर का माल देख लीजिए सर, जितना रुपया था, पहले मिला लें। उसके बाद बताइए।''

''देखता, अन्दर में जो-जो चीजें थीं, सभी सही-सलामत हैं। कागज का एक टुकड़ा तक गुम नहीं हुआ है।''

''ठीक है।'' मैं कहता।

उस समय वैरागी के चेहरे पर हँसी तिर जाती थी।

वह कहता, ''यह चूँकि फटिकदा के दल का काम था, इसलिए मिल गया सर, वरना और भी परेशनी उठानी पड़ती।'' कलकत्ते के तमाम गुण्डों और नशे के अड्डों से वैरागी का सम्पर्क था। वह जिस तरह उन जगहों में जाता था, उसी तरह छिपकर हमारे पास भी आता था। वैरागी न होता तो हमारे लिये काम करना मुश्किल था।

वैरागी में एक गुण था और वह यह कि वह कम लालची था। वह गुण्डों के सरदार की तरह मालदार आदमी होना नहीं चाहता था। नशाखोरी के लिए पैसे मिल जायें तो वह खुश हो जाता है। मगर संगति-दोष के कारण उसके चरित्र में एक काला धब्बा लग चुका था। उसी धब्बे के कारण उसे कहीं कोई नौकरी नहीं मिलती थी। उसे नौकरी दे और उस पर विश्वास रखे ऐसा कोई भी नहीं था।

दो-चार बार उसे नौकरी न मिली हो, ऐसी बात नहीं है।

नौकरी मिलने पर वह कुछ दिनों तक काम करता था। मगर दो-चार दिनों के बाद ही उसके बारे में पता चल जाता था और तुरन्त वह नौकरी से हटा दिया जाता था। या ऐसा भी होता कि दल के किसी आदमी को जब पता चल जाता कि वह आराम कर रहा है, नौकरी कर दो पैसे कमा रहा है तो उसे वैरागी की किस्मत पर ईर्ष्या होती। पट्ठे, तुम साधु बनना चाहते तो, तुम भले आदमी बनना चाहते हो? लो, तुम्हें मजा चखाता हूँ। बस, या तो एक बेनामी चिट्ठी उसके मालिक के पास भेज देता या मालिक का कोई क़ीमती सामान किसी से चोरी करा देता। इस कुशलता से काम करता कि वैरागी को उसकी भनक तक नहीं मिलती। पुलिस आती है, दरोगा आता है, तलाशी चलती है और सादा दोष वैरागी के मत्थे मढ़ा जाता है। वैरागी

का पिछला रेकार्ड अच्छा नहीं है। सब-कुछ मिलाकर देखने पर पता चलता है कि दो में दो जोड़ने से चार होता है। तब पुलिस वैरागी को गिरफ्तार करती है। उसे कई सालों तक जेल की सजा भुगतनी पड़ती है।

इस तरह का है यह वैरागी।

वीथि का हार जब खोया था, वैरागी की बात तब मेरे ध्यान में न हो, ऐसी बात नहीं। मगर मुझे पता नहीं था कि वैरागी आजकल जेल के बाहर है या अन्दर। क्योंकि वैरागी साल में नौ महीने जेल में ही गुजारता है।

वैरागी नहीं है, यही सोचकर मैंने विजय सरकार को इसकी सूचना दी थी।

विजय ने मुझसे पूछा था, ''कहीं यह तुम्हारे घर के दाई-नौकरों का काम तो नहीं है?''

मैंने कहा, ''दाई-नौकर का काम होता तो चोरी मेरे घर पर ही होती। मगर घर के बाहर हुई है।''

''तुम्हारी भतीजी प्राइज लेने किसके साथ स्कूल गयी थी? स्कूल की बस से गयी थी?''

''नहीं। उसकी मास्टरनी, जो उसे घर पर पढ़ाती है, उसके साथ थी।''

''और लौटती बार?''

''लौटते वक्त उसकी मास्टरनी उसके साथ नहीं आयी थी। वह अपनी एक क्लास-मेट के साथ उसके घर पर गयी थी और वहाँ से होकर वापस आयी थी। उसकी बूढ़ी नौकरानी उसे घर पहुँचा गयी थी।''

''नौकरानी का चरित्र कैसा है? कहीं यह उसी का काम न हो!''

मैंने कहा, ''लगता तो नहीं कि वह इतनी हिम्मत करेगी। क्योंकि वह उन लोगों की बहुत पुरानी नौकरानी है।''

विजय बोला, ''फिर भी मैं एक बार थाने में बुलवाकर उससे पूछताछ करूँगा।''

दो दिन बाद विजय से वैसा ही किया। बूढ़ी नौकरानी भय से काँपने लगी। बेवकूफ और ईमानदार आदमी रहे तो उसकी जैसी हालत होती है, उसकी भी वही हालत थी।

पुलिस के पूछने पर उसने बार-बार एक ही बात दुहरायी, ''मुझे कुछ भी मालूम नहीं है, हुजूर, मेरी गृहस्थी में और कोई नहीं है। मैं किसके लिए सोने की चोरी करूँगी, हुजूर मैं अब जिन्दा ही कितने दिनों तक रहूँगी? मुझे

पैसे की क्या जरूरत हो सकती है? मैं कुछ भी नहीं जानती। मुझे छोड़ दीजिए।''

पुलिस के हाथ में जितनी तरह की ताकत रहती है, विजय उन सभी ताकतों को अमल में लाया।

बोला, ''फिर तुम क्या यह कहना चाहती हो कि सोने का हार भूत चुराकर ले गया?''

बूढ़ी नौकरानी बोली, ''मैं यह बात कहाँ कह रही हूँ, हुजूर? मैं पगली थोड़े ही हूँ।''

''सड़क पर उसके गले में किसी ने हाथ लगाया था?''

''नहीं हुजूर, किसी ने हाथ नहीं लगाया था। हाथ से छूता तो मैं देखती ही।''

इसी तरह की बहुत सारी बातें पूछने के बाद विजय ने बूढ़ी को छोड़ दिया।

उसके बाद मुझसे पूछा, ''तुम्हारे घर पर जो मास्टरनी रहती है, जो तुम्हारी भतीजी को पढ़ाती है, उसका चरित्र कैसा है?''

मैंने कहा, ''बहुत ही अच्छा। एक तरह से उसे खालिस सोना कह सकते हो। या खालिस सोने से भी बढ़कर, अगर कोई चीज़ हो सकती है तो उसकी तुलना उसी से की जा सकती है।''

''उम्र कितनी है?''

''पचीस या छब्बीस। या ज्यादा-से-ज्यादा पैंतीस।''

''शादी हो चुकी है?''

''नहीं।''

''क्यों नहीं हुई है?''

''न होने के कारण यही है कि शादी करानेवाला कोई नहीं है। जो लोग हैं—यानी माँ-बाप—उनकी माली हालत ठीक नहीं है। लड़की जो कुछ कमाती है, माँ-बाप को भेज देती है, उसी से उन लोगों की रोटी चलती है। अभी वह एम० ए० में पढ़ रही है, इसके बाद नौकरी मिलेगी तो माँ-बाप के पास ज्यादा रुपया-पैसा भेज सकेगी। लड़की की शादी हो जायेगी तो उन लोगों का गुजारा कैसे होगा?''

''तुम्हारे घर से उसे कितना दिया जाता है?''

''खाने-पीने के अलावा भाभीजी बीच-बीच में उसे साड़ी-ब्लाउज खरीद देती हैं। वह सब उसे खरीदना नहीं पड़ता है। इसके अतिरिक्त उस

छोटी-सी लड़की को पढ़ाने के लिए महीने में एक सौ बीस रुपया देना पड़ता है। कॉलेज की फीस रखकर बाकी पैसा वह घर भेज देती है। गाँव में बूढ़े माँ-बाप का खर्च उन रुपयों से मजे में चल जाता है।''

सब-कुछ सुनने के बाद विजय बोला, ''मगर चोरबगान के उस केस की बातें तुम्हें याद हैं?''

''किस केस की बात कह रहे हो?''

''वही उस माँ की जिसने अपनी सौत की छोटी लड़की की हत्या कर दी थी। सौतेली माँ होने के बावजूद वह बड़ी भली औरत थी। अपनी माँ भी शायद किसी को इतना प्यार नहीं करती होगी। लड़की जब बीमार पड़ी थी तो सौतेली माँ ने तारकेश्वर जाकर बकरा चढ़ाया था। मैं उन दिनों उसी थाने में एस० आई० के पद पर था। मगर उसी माँ ने अन्त में उस लड़की की हत्या क्यों की?''

मैंने कहा, ''वह तो पति के साथ झगड़ा होने के कारण उसने वैसा किया। पति को हत्या के अपराध में फाँसी पर लटकवाने के खयाल से किया था या कह सकते हो कि पति के हाथ से रिहाई पाने की उम्मीद में ऐसा किया था।''

विजय सरकार बोला, ''सो चाहे जिस चीज के लिए हो, मगर थी तो हत्या ही। यह भी तो उसी तरह की बात हो सकती हे।''

मैंने कहा, ''भाई, मैं भी तो इतने दिनों से पुलिस में हूँ, लोगों के चरित्र के बारे में थोड़ी-बहुत जानकारी मुझे भी है। हमारी यह सुनीति और ही तरह की महिला है। मैं उसकी बहुत बार परीक्षा ले चुका हूँ। वह हमेशा कालीघाट मन्दिर जाती है और खास-खास दिन उपवास रखती है। इसके सिवा जब से मेरी भतीजी का हार चोरी हुआ है तब से वह अच्छी तरह से खाती-पीती भी नहीं, सिर्फ रोती रहती है। अब उसने पूजा-पाठ की मात्रा और भी ज्यादा कर दी है।''

''क्यों?''

''उसकी धारणा है कि उसी के चलते यह नुकसान हुआ। वह अगर मेरी भतीजी को अपने साथ लेकर घर लौटती तो यह काण्ड नहीं होता। अब यही कहती है कि उसने ऐसी गलती क्यों की, क्यों उसने वीथि को उसकी सहेली के घर जाने दिया?''

मेरा मित्र विजय सरकार कुछ सोचने लगा।

बोला, ''मुझे इस मामले में सोचने का वक्त दो। मैं वैरागी सामन्त को बुलवाता हूँ।''

मैंने कहा, "वैरागी सामन्त को? वह जेल में है या रिहा हो चुका है? मुझे तो पता यही था कि वह जेल में है।"

मेरा दोस्त बोला, "मुझे भी यही पता था। लेकिन उस दिन मेरे एस० आई० दत्त साहब ने बताया कि एक दिन वह थाने में आया था।"

खैर, उस दिन मैं वापस चला आया।

वैरागी सामन्त उसी दिन थाने में आकर हाजिर हुआ। विजय के सामने आते ही उसे सैल्यूट किया। बोला, "मुझे आपने बुलाया है, हुजूर?"

विजय ने पूछा, "जेल से तुम कब रिहा हुए, वैरागी?"

"जी, परसों।"

"वहाँ किस तरह रह रहे थे?"

वैरागी बोला, "बहुत ही खराब, सर। अब पहले की जैसी जेल नहीं रही, हुजूर। अब हालत खराब हो गयी है। पहले जेल जाता था तो सेहत सुधर जाती थी, अबकी कितना दुबला हो गया हूँ, देख ही रहे हैं। मेरा वजन पाँच सेर कम हो गया है, हुजूर।"

"चोरी क्यों करते हो, वैरागी? अब बन्द कर दो, अब तो दिन-दिन तुम उम्रदार होते जा रहे हो।"

वैरागी ने बड़े बाबू के पैरों को छूकर कहा, "आप यकीन कीजिए हुजूर, मैं अब चोरी नहीं करता। मेरे दल के लोग ही झूठ-मूठ मुझे फँसा देते हैं।"

"झूठ-मूठ फँसा देते हैं? वे लोग तुम्हें झूठ-मूठ फँसा देते हैं और तुम भी उनकी बात मान लेते हो?"

वैरागी बोला, "हाँ हुजूर, न मानने के सिवा कर ही क्या सकता हूँ? हमारे दल के लोग रोना-धोना शुरू कर देते हैं, बहुत ही चिरौरी-विनती करने लगते हैं। कहते है : तुझे कोई काम-काज नहीं है; हमारे बदले तू ही जेल चला जा। इसीलिए उनकी बात रखने की खातिर कोर्ट में जाकर उनका अपराध अपने ऊपर ले लेता हूँ और उनके बदले जेल की सजा भुगतता हूँ।"

उस लाइन में इस तरह का रिवाज है, हम इस बात को जानते थे। मगर जानकारी रहने पर भी कोई उपाय नहीं दीखता था। हमारा काम है किसी-न-किसी को सजा दिलाना। सो राम के बदले श्याम ही क्यों न हो, इसमें कोई हानि नहीं। बस, हमें केस का इन्तजाम करना चाहिए। केस का

इन्तजाम करने से ही हमारी पदोन्नति होती है। तब हाँ, जिस केस में माल-असबाब के साथ मुजरिम पकड़ा जाये तो बात ही अलग है। ऐसे मामले में असली मुजरिम के बदले नकली मुजरिम पेश करने से काम नहीं चल सकता है। उसमें प्रॉक्सी का सुयोग या सुविधा नहीं है।

अब विजय ने उसे असली बात बतायी।

''तुम्हें एक काम कर देना है, वैरागी,'' विजय ने कहा, ''हमारी ही लाइन के मेरे एक मित्र हैं, उन्हीं का काम है।''

''बताइए न, काम क्या है, हुजूर, मैं तो हुजूर का खिदमतगार हूँ। हुजूर की खिदमत करने की खातिर ही जिन्दा हूँ।''

विजय ने कहा, ''मेरे एक मित्र की भतीजी के गले से सोने का हार चोरी चला गया है। तुम्हें उस हार को खोजकर ला देना है।''

''मुझे?''

अबकी वैरागी जैसे चिहुँक उठा।

थोड़ी देर तक खामोश रहने के बाद बोला, ''कब चोरी हुई है?''

विजय ने कहा, ''चार दिन पहले—बुधवार को, और आज शनिवार है।''

वैरागी ने कहा, ''मुझे तो हुजूर बृहस्पतिवार को जेल से रिहाई मिली है, मैं उस हार की चोरी कैसे कर सकता हूँ?''

''अरे, नहीं-नहीं, तुम क्यों चोरी करने लगे! मैंने कब यह कहा कि तुमने चोरी की है? मगर तुम बटमारों को पहचानते हो। उनके सरदार के पास जाकर पता लगाओ।''

वैरागी सामन्त ने शायद अपनी कीमत बढ़ाने की कोशिश की। विजय ने एक ही डाँट में उसे शान्त कर दिया। अब तक वह 'तुम' कहकर वैरागी का सम्मान कर रहा था।

बोला, ''तू फिर जेल के कोल्हू में जुतना चाहता है?''

''क्यों हुजूर, आप ऐसा क्यों कह रहे हैं। मैंने चोरी करना छोड़ दिया है।''

''चोरी करना बन्द करने से क्या होगा, असल में दागी आसामी के रूप में तेरा नाम हमारे खाते में है। मैं चाहूँ तो तुझे किसी भी बहाने जेल में भेज सकता हूँ।''

वैरागी के हाथ तत्काल भक्ति-भाव से जुड़ गये।

"हुजूर ही मेरे मालिक हैं," उसने कहा, "हुजूर ही मेरे माँ-बाप हैं, आपकी मेहरबानी से खा-पी रहा हूँ और जिन्दा हूँ। हुजूर जो भी कहेंगे, तामील करूँगा। कहिए, मुझे क्या करना है?"

विजय ने कहा, "फिर सोने का हार खोजकर ला दे।"

"ठीक है, हुजूर, कोशिश करता हूँ।"

वैरागी सामन्त की हिम्मत नहीं हुई कि अब वह वहाँ खड़ा रहे। बड़े बाबू के कमरे से निकलकर सीधे सड़क पर उतर आया।

[सात]

कलकत्ता एक ऐसी जगह है जहाँ साधु भी हैं और चोर-डाकू भी। सती-साध्वी भी हैं और वार-वनिताएँ भी। यह शहर जैसे एक बड़ी धर्मशाला है। धर्मशाला के दरबों में जिस तरह धर्म-अधर्म का सह-अस्तित्व रहता है, यहाँ भी वैसा ही है। यहाँ रात जितनी छोटी होती है, गाँवों में उतनी छोटी नहीं हुआ करती। रात के अँधेरे में ही जैसे यहाँ के दिन की लम्बाई बड़ी होकर सूर्य को और भी अधिक स्थायी बना देती है। यही कारण है कि आदमी यहाँ सोता कम है और जागता ज्यादा है। यहाँ के आदमी रात और दिन को निचोड़कर जीवन भोगना चाहते हैं, इसीलिए मृत्यु यहाँ बृहत् रूप धारण कर लेती है और जीवन बौना हो जाता है।

बड़ा बाजार की गद्दियों के दुकानदारों के दरवाजे के पल्ले कानून के मुताबिक ठीक समय पर बन्द हो जाते हैं, मगर खरीद-बिक्री के खाते को ठीक करते-करते रात गुजर जाती है। होटलों में कैबरे नृत्य की मजलिस जिस समय खत्म होनी चाहिए, नियमतः उसी वक्त खत्म हो जाती है। मगर वही कैबरे नृत्य होटल छोड़कर विलासिता से पूर्ण फ्लैट के एक कमरे में फिर से नये सिरे से चालू हो जाता है। वहाँ नारी-मांस की खरीद-बिक्री के सिलसिले में रात कब गुजर जाती है, किसी को इसका पता नहीं चलता। जब पता चलता है तो उस वक्त किसी के पास सोने का समय नहीं रह जाता। तब आकाश में सूर्य उग चुका होता है। तब तुम लोग देर मत करो। तुम्हारे लिये रुपया कमाने का मौसम है। मिडिल-ईस्ट के चोर रास्ते से जहाज पर लदकर सोना आ रहा है, हांगकांग से चोर रास्ते से जापानी कैमरा आ रहा है, दुबई से स्विट्जरलैण्ड की घड़ी आ रही है, सिंगापुर से पेरू की चाँदी आ रही है। और भी कितनी ही चीजें चोर रास्ते से आ रही हैं, जिनका हिसाब-किताब तुम्हें छिपाकर रखना है। तुम लोगों के पास समय नहीं है, किसी के पास भी नहीं। दिन के चौबीस घण्टों को अगर टुकड़ों में बाँट दिया जाये तो भी तुम्हारे रुपयों की संख्या से वे कदम-से-कदम मिलाकर चल नहीं पायेंगे, थककर हाँफने लगेंगे। तब तुम्हें चाहिए विलासिता से पूर्ण फ्लैट की ह्विस्की से मिला हुआ आराम और कैबरे का एक कटाक्ष। उससे तुम्हारी सारी थकावट दूर हो जायेगी। निद्रा के अभाव

की पूर्ति हो जायेगी। विनिद्र कलकत्ते का तमाम अवसाद उतने से ही दूर हो जायेगा।

यह सब बात मुझे भी मालूम थी और विजय सरकार को भी मगर हममें हिम्मत नहीं कि वहाँ पहुँच जायें। हमसे भी जो ऊँचे पद पर थे यह उनकी भी शक्ति के बाहर की बात थी। शायद हिन्दुस्तान में किसी की इतनी ताकत नहीं थी कि उधर झाँकने जाये। क्योंकि उधर झाँकते ही दुनिया की तमाम बड़ी ताकतों का माथा ठनकने लगेगा। वह बड़ी ही कठिन जगह है।

इसीलिए हमें वैरागी सामन्त-जैसे एक मामूली आदमी से सहायता लेनी पड़ी।

वैरागी सामन्त की पहुँच हर जगह है—पुलिस के थाने से लेकर विलासितापूर्ण फ्लैट के अन्दर महल तक।

विजय सरकर को यह बात मालूम थी कि उसने जिस आदमी को पकड़ा है, उसकी पहुँच हर जगह है। इसीलिए उस पर ही सारी जिम्मेदारी सौंपकर उसने निश्चिन्तता की साँस ली।

बात झूठी नहीं है। वैरागी सामन्त थाने से निकलकर सीधे अपने पुराने अड्डे पर पहुँचा। रसेल स्ट्रीट, कैमक स्ट्रीट और सदर स्ट्रीट के इलाके कलकत्ता कॉरपोरेशन के खाते में पॉश-एरिया यानी बड़े आदमियों के वास करने लायक विलासिता से पूर्ण इलाके के नाम से विख्यात हैं।

उनके बीच जो छोटी-छोटी दुकानें या झुग्गियाँ हैं जिस ओर किसी की भी नजर नहीं जाती वहाँ वे लोग रहते हैं जो कलकत्ता कॉरपोरेशन को टैक्स नहीं देते और कॉरपोरेशन इसकी परवाह भी नहीं करता। वे लोग कलकत्ते में वास कर रहे हैं, कलकत्ते के लिए यह सौभाग्य की बात है वरना कलकत्ते की सड़कों पर झाड़ू कौन लगाता, कलकत्ते के गृहस्थों के घर में दाई-नौकर का काम कौन करता और रात दो बजे जरूरत पड़ने पर ठर्रे का इन्तजाम कौन करता?

वैरागी सामन्त ने एक झुग्गी के सामने आकर पुकारा, ''झगड़ू बाबू।''

ऊपर पान-सिगरेट-सोडा-लेमनेड की दुकान है और उसके नीचे, दो फीट गड्ढे के अन्दर झगड़ू का मकान। वही होता है, वहीं रसोई बनाता है एक तरह से वही जगह उसकी खुली दुनिया है।

मगर इस खुली दुनिया के बाहर उसकी एक विशाल छिपी हुई जो दनिया है. आम लोगों को उसकी जानकारी नहीं है। वहाँ. वह और उसके

कुछ शागिर्दनुमा दोस्त ही इस कलकत्ता शहर के भाग्य-विधायक हैं। जब कलकत्ते में बस-ट्राम में आग लगायी जाती है, या साम्प्रदायिक दंगा छिड़ता है या कि जब पर्व-त्योहारों में सड़कों पर भीड़ का सैलाब उमड़ आता है, झगड़ू प्रत्यक्ष रूप में कुछ नहीं करता। मगर सूत्रधार वही रहता है।

ऐसे ही सूत्रधार के पास जाना उस दिन वैरागी को उचित प्रतीत हुआ।

झगड़ू बाबू ने सिर उठाकर देखा तो वैरागी को पहचान लिया।

''क्यों जी, क्या हाल-चाल है? जेल से कब रिहा हुए?''

वैरागी ने कहा, ''बृहस्पतिवार को।''

''जेल में बेचू से मुलाकात हुई थी?''

वैरागी ने कहा, ''बेचू से भी मुलाकात हुई थी और भागवत से भी। शशी से भी मुलाकात हुई थी। तब हाँ, आजकल वहाँ का हालचाल बड़ा खराब है।''

''क्यों?''

वैरागी ने कहा, ''जेल में बहुत रद्दी खाना मिलने लगा है। वहाँ की दुनिया ही बदल गयी है।''

''यह बात! ठीक है, मैं साहब से कह दूँगा। तुम लोग चिन्ता न करो।''

थोड़ी देर चुप रहने के बाद पूछा, ''काम करेगा?''

वैरागी ने कहा, ''काम के लिए ही तो आया हूँ, झगड़ू बाबू।''

''लगता है, अब तुझमें सद्‌बुद्धि जगी है।''

वैरागी ने कहा, ''तुम्हें मेरा एक उपकार करना है, झगड़ू बाबू, पुलिस के बड़े बाबू का काम है। सोने का एक हार खो गया है। मुझे बुलाकर खोजने को कहा है।''

''हार की चोरी कहाँ हुई थी? किस मुहल्ले में?''

''हम लोगों के मुहल्ले में।''

''किस रास्ते में?''

''फटिक सिकदार स्ट्रीट में।''

''कब?''

''बुधवार को।''

''कै बजे?''

''शाम सात या आठ बजे।''

झगड़ू बाबू मन-ही-मन हिसाब लगाने लगा। उसके बाद बोला, ''ओह, समझ गया। यह कालू की करतूत है। वह तो कालू का ही एरिया है।''

''कालू? आजकल हम लोगों का मुहल्ला कालू के चार्ज में है? माल क्या साहब के पास जमा कर दिया होगा?''

''जरूर ही जमा कर दिया होगा। बुधवार को बटमारी हुई है और अब तक साहब के पास जमा नहीं हुआ होगा? ऐसा नहीं होता है? जमा जरूर ही कर दिया होगा।''

वैरागी ने कहा, ''जमा कर दिया होगा तो मुश्किल ही है झगड़ू बाबू। अब मिलना कठिन है।''

झगड़ू बाबू ने कहा, ''साहब को तू पहचानता है। एक बार साहब के हाथ में पड़ जाये तो फिर मिलना मुश्किल ही है।''

वैरागी ने दयनीय स्वर में कहा, ''झगड़ू बाबू, मेहरबानी कर उसे ला दो। नहीं तो बड़ा बाबू किसी दिन मुझ पर हमला बोल देगा।''

झगड़ू बाबू ने अब ज्यादा बातें नहीं कीं। उसके चरित्र की यही विशेषता है। बात कम और काम ज्यादा। कम बोलने की कला के कारण ही वह अब तक कलकत्ते पर राज्य करता आ रहा है। कलकत्ते के बड़े-बड़े रईसों से लेकर वैरागी सामन्त-जैसे झिंगी मछली तक उसके मुवक्किल हैं। उसके पास न तो गाड़ी है और न ही बैंक में उसका पैसा जमा है। इनकम टैक्स नामक वस्तु का उसने कभी नाम तक नहीं सुना है। डॉक्टर, वकील, जज, पेशकार और मुहर्रिर क्या वस्तु होते हैं उसने अपनी आँखों से नहीं देखा है। वह सिर्फ पैसे को पहचानता है।

पैसे को सिर्फ झगड़ू बाबू ही नहीं पहचानते हैं। दुनिया के तमाम आदमी रुपये के पीछे भाग रहे हैं। लेकिन उनका भागना और झगड़ू बाबू का भागना अलग-अलग तरह का है। वे लोग आवश्यकता-पूर्ति के लिए भाग रहे हैं। भोजन, मकान के निर्माण, बाल-बच्चों के लालन-पालन, बीमारी से छुटकारा पाने और भविष्य की विपत्तियों का मुकाबला करने के लिए वे रुपयों के पीछे दौड़ लगा रहे हैं। मगर झगड़ू बाबू को दूसरे ही कारण से पैसे की जरूरत है। वह पैसे के लिए पैसा चाहता है। उसे पैसे की जरूरत क्यों है, पैसा किस काम में आयेगा, कितने रुपये में कितने आने होते हैं, यह सब समझना उसके लिए जरूरी नहीं है। बस, उसे पैसा चाहिए, सो चाहे किसी भी उपाय से क्यों न हो। एक बात में कहा जाये तो पैसा ही उसके लिए गति-मुक्ति सब-कुछ है।

झगड़ू बाबू बचपन में भीख माँगने के लिए कलकत्ता आया था। भीख माँगकर पेट पालना ही तब उसका उद्देश्य था। भीख माँगते-माँगते एक दिन झगड़ू की मुलाकात एक उस्ताद से हुई।

उसी उस्ताद ने झगड़ू को सीख दी कि दुनिया में पैसा ही धर्म-कर्म-मोक्ष सब-कुछ है।

''मगर धर्म-कर्म-मोक्ष की प्राप्ति कैसी होगी?'' झगड़ू ने पूछा था।

उस्ताद ने कहा, ''टेढ़े-मेढ़े रास्ते से।''

''टेढ़े-मेढ़े रास्ते का मतलब?''

उस्ताद ने समझा दिया कि टेढ़े-मेढ़े रास्ते का अर्थ है असत्य के रास्ते से। सत्पथ पर चलकर कोई आदमी आज तक अनगिनत पैसों का मालिक नहीं हो पाया है, बड़ा आदमी नहीं बन पाया है। दुनिया के इतिहास में ऐसी कोई घटना नहीं है। एम० ए०, बी० ए० पास कर और महीने में पाँच हजार कमाकर कोई बड़ा आदमी नहीं हो सकता है। बड़ा आदमी बनना है तो असत्य पथ पर ही चलना पड़ेगा। बड़ा आदमी बनने के लिए यही असली और अकृत्रिम पथ है।

फिर झगड़ू को क्या करना है।

उस्ताद ने कुल मिलाकर तब इस रास्ते पर चलना शुरू ही किया था। विलायत से लौटा हुआ साहब है। यहाँ के ऑफिस मुहल्ले में आयात-निर्यात का दफ्तर खोला है। उसे गरीबों का माँ-बाप ही कहना चाहिए। दया और दान का उसे अवतार कहा जाये तो नाकाफी होगा। साहब ने कृपा-दृष्टि से झगड़ू की ओर देखा।

एक दिन साहब ने झगड़ू को उस समय अपने घर पर बुलाया जब वहाँ कोई नहीं था। कमरा भली-भाँति सजा हुआ था। खानसामा बावर्ची सभी मौजूद थे।

साहब ने पूछा, ''तू सचमुच पैसा कमाना चाहता है? ऐसा कुछ करना चाहता है जिसमें ढेर-सारा पैसा कमा ले?''

झगड़ू बोला, ''पैसा नहीं कमाऊँगा तो खाऊँगा क्या, हुजूर? रोजगार के लिए ही तो दिहात से कलकत्ता आया हूँ।''

''फिर एक काम कर। तू कुछ दिनों तक मेरे पास आया कर। जब रात गहराने लगे और मेरे कमरे में कोई नहीं रहे तभी आना। मैं तुझे पैसा कमाने का तालीम दूँगा।''

बस, वहीं से साहब ने तालीम देना शुरू किया। साहब जो काम प्रत्यक्षत: नहीं कर सकता है, झगड़ू से वही सब काम कराता है। झगड़ू के इलाके के बहुत-से आदमी कलकत्ता शहर में रहते हैं। और न केवल उसके इलाके के आदमी ही, बल्कि ऐसे बहुत-से बेकार बंगाली छोकरे भी हैं जिन्हें काम नहीं मिलता, हालाँकि उनके लिए नौकरी करना जरूरी है। उसी तरह के बहुत-से विश्वासी आदमी झगड़ू की जमात में आ गये।

झगड़ू ने सभी से कहा, ''रुपया ईमान के रास्ते पर चलकर कमाया नहीं जा सकता है।''

सभी ने पूछा, ''फिर किस रास्ते से आयेगा?''

''टेढ़े-मेढ़े रास्ते से।''

टेढ़े-मेढ़े रास्ते का अर्थ क्या होता है, झगड़ू ने यह बात उन लोगों को समझा दी। कलकत्ते में कितने ही ऐसे पार्क हैं जहाँ बच्चे खेलते रहते हैं। बस-ट्राम-ट्रेन से कितनी ही ऐसी औरतें आया-जाया करती हैं जिनके बल पर गहना रहता है। उन गहनों को गायब कर देना है। इस तरह गायब करना है कि उन्हें पता ही नहीं चले।

''मगर उन गहनों को हम कहाँ बेचेंगे?''

''उसकी जिम्मेदारी मुझ पर है, तुम लोग लाकर मुझे दे देना।''

''अगर पुलिस पकड़ ले?''

''पकड़े तो पकड़ने दो।''

''पकड़कर जेल में ठूँस दे तो?''

''जेल चले जाना। उसके लिए क्षति-पूर्ति के रूप में मोटी रकम मिलेगी। और अगर माल-असबाब के साथ पकड़ में नहीं आये तो मुकदमा लड़ने के लिए वकील रहेगा। खर्च जो होगा, मैं करूँगा और मामला संगीन हुआ तो नकली आसामी खड़ा कर दूँगा। तुम्हारे बदले वही जेल की सजा भोग आयेगा।''

इसी तरह उस्ताद के बहुत-से शागिर्द जुट गये। उस्ताद भी तब नये-नये उपायों की तलाश कर रहा था। ऐसे-ऐसे नये उपाय जिससे चोरी का माल हिन्दुस्तान के बाहर भी खपाया जा सके।

बस, वहीं से उस्ताद ने चोरी के माल की खरीद-बिक्री का कारोबार चालू कर दिया। छोटे रूप में उसकी शुरुआत हुई, फिर कारोबार फलने-फूलने लगा। उसके बाद उसके कारोबार की जड़ें दूर-दूर तक फैल गयीं।

वैरागी सामन्त भी मनुष्य की विपत्ति के स्रोत में बहता हुआ एक दिन झगड़ू बाबू के घाट पर आकर खड़ा हुआ। अपने चंगुल में फँसते देखकर उसने वैरागी को पहचान लिया।

पूछा, "तेरा नाम क्या है?"

"वैरागी सामन्त।"

"तुम्हारे अपने कौन-कौन हैं?"

"कोई नहीं, झगड़ू बाबू।"

"फिर तू कौन-सा काम करता है?"

वैरागी ने कहा, "कुछ भी नहीं।"

"बगैर कुछ किये तेरा गुजारा कैसे होता है?"

"हुजूर, गुजारा हो नहीं पाता है।"

झगड़ू ने कहा, "गुजारा नहीं होता है तो फिर मरने के लिए कलकत्ते में क्यों रह रहा है? कलकत्ते में इतने-इतने आदमियों का गुजारा हो जाता है और तेरा होता ही नहीं?"

वैरागी ने कहा, "मेरा अपना कोई नहीं है, झगड़ू बाबू, फिर मेरी मदद करेगा ही कौन?"

झगड़ू ने कहा, "कोई नहीं है तो इससे क्या आता-जाता है? मैं हूँ, मेरा साहब है। हम तेरी मदद करेंगे।"

"मुझे कौन-सा काम करना होगा?"

झगड़ू बाबू ने कहा, "यह सब मैं बता दूँगा। आज तूने क्या खाया है?"

"क्या खाऊँगा, पैसा तो है ही नहीं। भीख माँगने पर दो पैसे मिले थे, उनसे चना खरीदकर खा लिया।"

"ठीक है, तूने खाना नहीं खाया है तो मैं तुझे खाना खिलाऊँगा।"

यह कहकर बगल की दुकान से एक रुपये का पूरी-हलुआ खरीदकर उसे भर पेट खाना खिलाया। वैरागी सामन्त बेहद खुश हुआ।

उसी दिन से झगड़ू से उसकी दोस्ती हो गयी। वह रिश्ता ठीक-ठीक दोस्ती का नहीं बल्कि नौकर-मालिक-जैसा था। तभी से झगड़ू बाबू के तमाम आदेशों का वैरागी सामन्त पालन करता आ रहा है। झगड़ू बाबू ने उससे जब जो कहा है, उसने उसका पालन किया है। कभी 'ना' नहीं कहा है। स्वेच्छा से भी किया है और अनिच्छा से भी। हँसते हुए जेल की सजा

काट आया है। मगर पुलिस की हजारों बेंत की मार पड़ने पर भी कभी झगड़ू का नाम नहीं बताया है। न तो झगड़ू का और न साहब का ही नाम जानने दिया है।

आश्चर्य की बात है कि झगड़ू बाबू की जमात में और भी जितने आदमी हैं, उनमें से किसी ने कभी विश्वासघात नहीं किया है। विश्वासघात न करने के कारण उन्हें क्षति-पूर्ति के रूप में मोटी रकम मिलती रही है। उन लोगों के जेल चले जाने पर उनके बाल-बच्चे और पत्नी को खाने-पहनने की कभी कोई असुविधा नहीं हुई है। उनकी गृहस्थी कैसे चलेगी उसकी चिन्ता उन्हें नहीं करनी है। साहब ने उन्हें सारी चिन्ताओं से मुक्त कर दिया है।

[आठ]

सुनीति मित्र की कहानी के सन्दर्भ में साहब, झगड़ू और वैरागी सामन्त के बारे में जो कह रहा हूँ, इसका भी कोई-न-कोई कारण है।

मैं पहले ही बता चुका हूँ कि आदमी की जीवन इतनी विचित्रताओं से भरा हुआ है कि उसका हिसाब लगाना एक ही जीवन में सम्भव नहीं है। जिन्हें हम आँखों के सामने देख रहे हैं, आँखों की ओट होते ही वह कितना विचित्र हो जाता है, यह बात शायद सृष्टिकर्त्ता से भी अगोचर रह जाती है।

वरना छोटी-सी एक लड़की के हार की चोरी की घटना से इतना बड़ा आविष्कार होता ही क्यों?

वह कहानी सुना रहा हूँ।

हम अपने दैनन्दिन जीवन में हर चीज का पालन करते हैं। हावड़ा और स्यालदह स्टेशन पर गाड़ियाँ आकर रुकती हैं। उन्हीं गाड़ियों से आदमियों का झुण्ड उतरता है। उसके बाद लोग कोर्ट-कचहरी, दुकान, ऑफिस की ओर दौड़ लगाते हैं।

यह सब हम लोगों के दैनन्दिन जीवन के कामों की तालिका है। यह सब हम रोजगार की खातिर करते हैं। बिना किये कोई दूसरा उपाय नहीं है, इसीलिए करते हैं। कभी-कभी हम पर्व-त्योहार पर काली मन्दिर जाते हैं, होली-दीवाली में ढोल-ढाक बजाकर आनन्द में मशगूल हो जाते हैं।

यह है कलकत्ते का बाहरी रूप।

इस बाहरी रूप के अन्दर जो अन्दरूनी रूप छिपा रहता है, वह आम लोगों की निगाह में आता ही नहीं। इस समय अगर हम चाहें तो कलकत्ते का एक दूसरा रूप देख सकते हैं। उस कलकत्ते में अस्पतालों से रोगियों के लिए निर्धारित दूध-मछली-मांस चोरी हो जाते हैं, रात की ओट में माँ अपनी लड़की को अपने साथ टैक्सी में बिठाकर बड़े आदमी के विलासपूर्ण फ्लैट में पहुँचा आती है। उस कलकत्ते में रात की शक्ल दिन-जैसी होती है और दिन की शक्ल रात-जैसी। यही वजह है कि उस कलकत्ते में शाम होते ही भोर उतर आती है, सूर्योदय हो जाता है और भोर होने पर सूर्यास्त होता है। वहाँ के भूगोल का नियम यही है कि दिन में काम करो और रात में मौज मनाओ।

और नींद? वह बेकार का खर्चा है। इसीलिए उस भूगोल के वाशिन्दे बेवजह के खर्च के झमेले में नहीं पड़ते।

भाभीजी कहतीं, "बहुत दिन हो गये, देवरजी, मुन्नी के हार का तुम अभी तक पता नहीं लगा सके।"

भैया खाते-खाते सिर उठाकर पूछते, "मुन्नी का हार? मुन्नी का हार क्या हुआ?"

"तुम चुप रहो।"

यह कहकर भाभीजी मुझसे कहतीं, "सुन लिया न देवरजी? इतने-इतने रुपयों का हार चोरी चला गया, उसके बारे में कितनी ही बातें हो चुकी हैं, उसके बाद तुमने थाने में खबर भेजी, फिर भी कह रहे हैं किसका हार! यह तो यही हुआ कि सातों काण्ड रामायण पढ़ने के बाद पूछे कि सीता किसका बाप था।" अधिकांश दिन, जब हम खाने की मेज पर बैठते, सुनीति भाभीजी की सहायता किया करती थी। उस दिन सुनीति पर नजर नहीं पड़ी।

मैंने पूछा, "आज सुनीति दिखायी नहीं पड़ रही है। वह कहाँ गयी?"

भाभीजी बोलीं, "वह काली मन्दिर गयी है।"

"काली मन्दिर का मतलब? आज वहाँ क्या है?"

भाभीजी बोलीं, "तुम्हें मालूम नहीं? आज विपत्तारिणी व्रत है।"

"विपत्तारिणी व्रत? इस व्रत का पालन करने से क्या होता है?"

भाभीजी बोलीं, "सारी विपत्ति दूर हो जाती है।"

मैंने कहा, "सुनीति किस विपत्ति में है कि उसे विपत्ति दूर करने की जरूरत पड़ी?"

भाभीजी बोलीं, "मैंने भी उससे पूछा था। उसने बताया कि उसकी माँ ने उसे हर का व्रत पालन करने को कहा है। वह बचपन से ही व्रत का पालन करती आ रही है। उसने कहा तो फिर मैं बाधा क्यों पहुँचाती?"

सोचा, ठीक ही कह रही है। जिसका जैसा स्वभाव होता है उसका कर्म भी वैसा ही हुआ करता है। और सिर्फ स्वभाव नहीं, विश्वास भी। आदमी विश्वास के अनुसार ही काम किया करता है। उससे फल की प्राप्ति हो या न हो, लेकिन वह विश्वास को ही पकड़कर अपना काम करता जायेगा। सुनीति के स्वभाव का अर्थ खोजकर ही किसी ने उसका नाम सुनीति रखा था। सुनीति जिस दिन से हम लोगों के घर आयी, उसी दिन से

देखा है, उसके आचार-विचार, चाल-चलन सब-कुछ में 'सुनीति-चरित्र' की स्पष्ट छाप है।

हम लोगों के पड़ोसियों में से बहुतों ने हमसे कहा है, "इसी तरह की किसी लड़की की तलाश कर दें, अपनी लड़की के लिए रखना है।"

भाभीजी कहतीं, "कहाँ मिलेगी दीदी, हमारे भाग्य से सुनीति हमें मिल गयी है।"

कोई-कोई पूछती, "शादी होने के बाद वह चली जायेगी न?"

भाभीजी कहतीं, "शादी के बाद क्यों, शादी होने के पहले भी जा सकती है। वह तो परायी लड़की ठहरी, हम उसे रोककर रख नहीं सकते, माँ-बाप की लड़की है, उन्हीं के पास चली जायेगी या शादी होगी तो ससुराल चली जायेगी।"

सुनीति सुनती तो हँस देती। कहती, "मैं आपको छोड़कर नहीं जाऊँगी, भाभीजी। आप जब तक मुझे अपने चरणों के तले आश्रय देती रहेंगी, तब तक रहूँगी।"

भाभीजी कहतीं, "बाप रे, फिर क्या तुम हमेशा अनब्याही रहोगी? विवाह नहीं करोगी? शादी-ब्याह हो जायेगा तो तुम्हें ससुराल जाना ही पड़ेगा।"

सुनीति कहती, "नहीं भाभीजी, फिर मैं शादी करूँगी ही नहीं। एम० ए० पास करके नौकरी करूँगी।"

भाभीजी कहतीं, "नौकरी करना हो तो शादी नहीं करनी चाहिए? कितनी ही ऐसी लड़कियाँ हैं जो नौकरी करते-करते शादी कर लेती हैं।"

सुनीति कहती, "नहीं भाभीजी, मैं शादी नहीं करूँगी।"

"क्यों? किस दुःख के चलते शादी नहीं करोगी?"

भाभीजी सुनीति की बातें सुनकर हैरत में आ जाती थीं। वे कहतीं, "शादी ने कौन-सी गलती की है?"

सुनीति कहती, "नहीं भाभीजी, मुझे शादी करने का मन नहीं है।"

भाभीजी कहतीं, "अभी मन नहीं है, मगर शादी करने के बाद सब ठीक हो जायेगा।"

भाभीजी सुनीति की बातें मुझे बताती थीं। दुनिया में कितनी किस्म की पगली लड़कियाँ हो सकती हैं, उसी दृष्टान्त के तौर पर मैं सुनीति मित्र की जीवन-चर्या की बातें सुना करता था। दुनिया के सभी आदमी एक ही किस्म के नहीं हो सकते। आदमी के जीने का ढंग अलग-अलग तरह का

होता है। इसलिए सुनीति मित्र के कारण मेरे लिये चिन्ता की कोई बात नहीं थी। सुनीति मित्र भी विधाता पुरुष की ही सृष्टि है। दसियों और-और आदमी की तरह ही उसका नपा-तुला चरित्र होना चाहिए, इसका कोई मानी नहीं। विचित्रता ही यदि संसार का नियम है तो सुनीति मित्र भी उसी तरह की एक विचित्रता है। इसके लिए मुझे चिन्ता करने की कौन-सी बात हो सकती है?

विजय ने जिस दिन मुझे बुला भेजा था, उसी दिन से मैं वैरागी सामन्त के बारे में सोचने लगा था।

विजय ने कहा, ''लगता है, अब मामले का सुराग मिल जायेगा।''

मैंने पूछा, ''कैसे? वैरागी ने कोई संकेत दिया है?''

विजय ने कहा, ''एक तरह से संकेत दे ही चुका है। वह बेहद डर गया है। समझ गया है कि अगर हार लाकर नहीं देता है तो मैं उसे किसी-न-किसी बहाने जेल भिजवा दूँगा। पट्ठा जेल के कोल्हू में जुतते-जुतते इतना काबू हो गया है कि अब जेल के नाम से ही डर से काँपने लगता है।''

''उसके बाद?''

''मैंने सादे लिबास में अपना एक कॉन्स्टेबल उसके पीछे लगा दिया था। वह सादे लिबास में उसका पीछा करने लगा।''

''फिर?''

''पीछा करने पर उसने देखा, वैरागी अपने डेरे पर नहीं गया। थाने से निकलकर सीधे रसेल स्ट्रीट की तरफ गया।''

''रसेल स्ट्रीट क्यों?''

''वहाँ झगड़ू के घर पर। झगड़ू को पहचानते हो न? कम-से-कम उसका नाम तो अवश्य ही सुना होगा।''

सच कहने में हर्ज ही क्या, झगड़ू नामक किसी व्यक्ति का नाम मैंने नहीं सुना था, क्योंकि झगड़ू-जैसे आसामियों के नाम से हमारे डिपार्टमेण्ट को कोई फायदा नहीं होता है। हम लोगों का काम कुछ और ही तरह का है और विजय का काम कुछ और तरह का। हर प्रकार के काम के लिए हर प्रकार के विभाग की व्यवस्था है?

चूँकि यह सब बात पाठकों के लिए अनावश्यक है, इसलिए उचित यही है कि उसका यहाँ उल्लेख नहीं किया जाये। सिर्फ इतना ही कहना है कि हालाँकि पुलिस लाइन में काम करते थे, मगर हमारा काम एक-दूसरे

से पूर्णतया भिन्न था। भिन्न रहने पर भी हम एक-दूसरे के परिपूरक थे और परिपूरक रहने के नाते ही अनिवार्यता विजय की जरूरत पड़ गयी थी।

मैंने विजय की बात के उत्तर में कहा, ''नहीं भाई, मैंने झगड़ू का नाम नहीं सुना है।''

विजय बोला, ''नहीं सुना है तो अच्छा ही किया है, सुनना तुम्हारे लिये कोई जरूरी नहीं है। मैं जो कुछ जानता हूँ, वही तुमसे कह रहा हूँ, और जो कुछ करना होगा, मैं ही करूँगा, तुम्हें कुछ भी नहीं करना है। मेरे द्वारा भेजे गये आदमी ने जब देखा, वैरागी झगड़ू के पास गया है, तो लगता है इसमें ब्लैक प्रिन्स का हाथ है।''

''ब्लैक प्रिन्स ब्लैक प्रिन्स का मतलब?''

विजय हँसने लगा।

बोला, ''हम लोगों के डिपार्टमेण्ट के खाते में उसके नाम की बगल में ब्रैकेट में लिखा हुआ है 'ब्लैक प्रिन्स'। यानी काला राजकुमार। उस आदमी की देह का रंग काला है मगर वह अपार सम्पत्ति का मालिक है। प्रिन्स के जैसा ही उसका चाल-चलन है। इसीलिए उसका नाम ब्लैक प्रिन्स है।''

मैंने पूछा, ''उसका असली नाम क्या है?''

विजय ने कहा, ''वह एक अजीब ही कहानी है। सुनो।''

विजय से जब मैंने उस घटना के बारे में सुना तो मुझे हैरानी इस बात पर हुई कि कलकत्ता शहर में ऐसा भी आदमी है जो माथा ऊँचाकर और सीना ताने चलता है।

विजय कहानी कहने लगा।

[नौ]

कालीपद दे ने एक दिन इस धरती पर जन्म लिया था। और-और साधारण आदमियों की तरह वह भी इस धरती की मिट्टी पर पैदा हुआ था। मगर उसके बाद ऐसा हुआ जो सोचा नहीं जा सकता।

और आश्चर्य की बात है कि वही कालीपद दे किसी दिन मेरे ट्यूटर रह चुके हैं!

विजय ने आलमारी से उस फाइल को बाहर निकाला।

विजय ने कहा, ''देखो, यह उसका फोटो है।''

फोटो पर नजर पड़ते ही मैं चिहुँक उठा।

''मैं इन्हें पहचानता हूँ।'' मैंने कहा।

''कैसे?''

''वे मेरे प्राइव्रेट ट्यूटर रह चुके हैं। बचपन में मुझे पढ़ाते थे। अच्छे-अच्छे उपदेश देते थे। जीवन में उन्नति करने के लिए किन-किन बातों की जरूरत पड़ती है, मुझे सिखाते थे। वे तुम्हारी फाइल में कैसे आये? उनका नाम ब्लैक प्रिन्स कैसे पड़ा?''

विजय ने कहा, ''पोर्तुगीज जहाज के एक कप्तान मिस्टर कॉस्टेलो ने उसे यह नाम दिया था। कॉस्टेलो ने ही के० पी० दे को ब्लैक प्रिन्स कहकर रातों-रात नामी आदमी बना दिया।''

कहाँ वे मेरे प्राइवेट ट्यूटर कालीपद दे थे और कहाँ अब एक विदेशी ने आकर उन्हें ब्लैक प्रिन्स बना दिया। भाग्य विधाता का यह सचमुच ही एक विचित्र परिहास है।

मास्टर साहब की याद मेरे मन में ताजा है। सिर के बाल सामने की ओर कंघी किये हुए रहते थे। तब माँग काढ़ना उनके लिए विलासिता का सूचक था। पहनावे के रूप में उनके बदन पर खादी की धोती और कुरता रहते थे। पाँचों में मामूली चप्पल। पैसे की हमेशा तंगी रहती थी। मगर इसके लिए उनमें कोई कुण्ठा नहीं थी। तब वे आदर्श के लिए प्राणों को भी न्योछावर कर सकते थे। इतना महान् था उनका चरित्र! याद है, वे कहा करते थे, ''आदमी का जीवन केवल भोग के लिए नहीं, त्याग के लिए भी होता है। भोग से कोई आदमी महापुरुष नहीं बन सका है। जो आदमी

महापुरुष बना है उसने अपने त्याग के माहात्म्य से इस दुनिया को कई कदम आगे बढ़ा दिया है।''

उसके बाद वे भगवान् बुद्ध, शंकराचार्य, श्री चैतन्यदेव, परमहंस रामकृष्णदेव, स्वामी विवेकानन्द और नेताजी सुभाषचन्द्र का दृष्टान्त प्रस्तुत करते थे। साथ-ही-साथ वे और भी कितने ही महापुरुषों के नाम का उल्लेख करते थे। आज मुझे उन महापुरुषों का नाम याद नहीं है।

विजय से जब उन मास्टर साहब के जीवन के क्रमिक विकास की कहानी मैंने सुनी तो हैरत में आकर मैंने सोचा, क्या ऐसा भी होता है! इतने दिनों से मैं पुलिस की नौकरी करता आ रहा हूँ, इतने-इतने लोगों से मिल-जुल चुका हूँ, इतना देख-सुन चुका हूँ, इतने देशों का भ्रमण कर चुका हूँ परन्तु वैसे आदमी का, उस तरह के चरित्र का, ऐसा क्रमिक परिवर्तन मैंने कभी नहीं देखा है।

भाभीजी ने पूछा, ''इतना क्या सोच रहे हो, देवरजी?''

मैंने कहा, ''आजकल दफ्तर का काम-काज बहुत बढ़ गया है।''

''दफ्तर का काम-काज? दफ्तर के काम-काज के चलते तुम्हें घर लौटने में इतनी देर हो गयी।''

मैंने झूठी बात ही बतायी, ''हाँ।''

भाभीजी ने पुनः पूछा, ''हार का कुछ पता चला?''

''नहीं'', मैंने कहा, ''विजय अब भी कोशिश कर रहा है, देखिए क्या होता है।''

मैंने उनसे यह नहीं कहा कि विजय ने वैरागी सामन्त को बुलाकर हार निकाल देने को कहा है, या सादे लिबास में उसके आदमी ने वैरागी सामन्त को रसेल स्ट्रीट स्थित झगड़ू के मकान में जाते देखा है। यह भी नहीं बताया कि झगड़ू ब्लैक प्रिन्स का आदमी है और ब्लैक प्रिन्स का नाम असली कालीपद दे हैं और वे मेरे बचपन के समय मेरे शिक्षक रह चुके हैं। नहीं कहने का कारण असल में यह है कि हार का जब तक पता नहीं चलता, तब तक यह बात किसी को बताना खतरे से खाली नहीं।

[दस]

उस दिन बिस्तर पर लेटने के बाद मेरी आँखों में नींद ही नहीं आयी।

कालीपद दे! मनुष्य के चरित्र की नींव सम्भवतः बचपन में ही पड़ जाती है। उसी पर मनुष्य के जीवन की शानदार इमारत बनती है। याद आया, उसी कालीपद दे ने मेरे 'मैं' की इमारत उस दिन बना दी थी वरना आज जो मैं हूँ वह 'मैं' हो सकता है, दूसरा ही 'मैं' हो जाता। गणित मेरे लिये यमराज के समान था और मैं था आलस का बादशाह। किसी भी दिन उनके दिये हुए सबक को तैयार करके नहीं रखता था। वह जैसे मेरे स्वभाव का अंग ही हो गया था। उतने नियम के पाबन्द शिक्षक से पढ़ने के बावजूद मेरा आलसी स्वभाव अब भी दूर नहीं हुआ है। मगर मैं उनकी नियम की पाबन्दी और निष्ठा देख चुका हूँ। मास्टर साहब इतिहास और गणित के छात्र रह चुके थे। इतिहास और गणित दोनों विषयों में उनकी समान गति थी। किसी मकान के इकमंजिले में एक कमरा किराये पर लेकर रहते थे। वहीं वे सोते थे, खाना खाते थे और रसोई पकाते थे। प्रातःकाल चार बजे उठकर गीता का पाठ करते थे। उसके बाद आकाश का धुँधलका जब हलका हो जाता तो वे टहलने निकलते। घर लौटकर रसोई बनाते। रसोई का मतलब चावल और भुर्ता। जरा-सा मक्खन मिलाकर चावल खा लेते थे और वे स्कूल के मार्निंग सेक्शन का क्लास लेने चले जाते थे। मार्निंग सेक्शन में छोटी-छोटी लड़कियाँ पढ़ा करती थीं। लड़कियों की पढ़ाई खत्म होते ही साढ़े दस बजे दिन से 'डे क्लास' शुरू हो जाता। उस वक्त हम पढ़ते थे। तीसरे पहर चार बजे तक पढ़ाकर वे घर लौट आते थे। उसके बाद रसोई वगैरह का काम समाप्त कर साढ़े सात बजे शाम को मुझे पढ़ाने आते थे।

दिनभर में बस दो बार ही खाना खाते थे। आहार भी बड़ा सात्त्विक रहता था। बाकी समय चाय, बीड़ी, सिगरेट, पान, सुँघनी किसी भी चीज का सेवन नहीं करते थे। सुनने में आता था, मुझे पढ़ाने के बाद घर जाकर काफी रात तक धार्मिक ग्रन्थों का पारायण करते रहते हैं।

उन दिनों, अपनी उस कच्ची उम्र में, मैं मास्टर साहब को जितनी श्रद्धा की दृष्टि से देखता था, उतना उनसे डरता भी था।

जब मेरी उम्र कुछ ज्यादा हुई, एक दिन सुना, मास्टर साहब ने नौकरी छोड़ दी है। सुनकर मुझे हैरानी हुई। क्योंकि सबसे पहले इस बात का पता मुझे ही चलना चाहिए था।

उस दिन जैसे ही मास्टर साहब आये, मैंने पूछा, "आपकी तबीयत खराब है क्या सर?"

देखा, मास्टर साहब का मन बड़ा ही बेचैन है। अनमना-जैसा। लगा, दिनभर चहलकदमी करते रहते हैं। वे क्यों बेचैन हैं, यह बात मेरी समझ में नहीं आयी। उन्होंने भी बात खुलने नहीं दी और मुझे चूँकि उतना अधिकार नहीं था, इसीलिए मैंने भी दबाव नहीं डाला।

बस, वही उनका आखिरी पढ़ाना था। अपने सहपाठियों से सुना, उन्हें जहाज में कोई नौकरी मिल गयी है।

मेरे साथी और मैं यह सुनकर आश्चर्य में खो गये। मास्टर साहब जहाज की नौकरी करेंगे? फिर जहाज में भी स्कूल हुआ करता है? हो सकता है, हो। जो लोग जहाज में बरसों तक रहते हैं, उनके बाल-बच्चों को पढ़ाने के लिए, हो सकता है, मास्टर की जरूरत पड़ती हो।

सो जहाज भी न तो इंगलिश कम्पनी का है और न अमेरिकी कम्पनी का, बल्कि पोर्तुगीज कम्पनी का।

जीवन के हर क्षेत्र में जिस तरह एक स्तर होता है, मनुष्य के मन का भी सम्भवतः एक स्तर-विभाग हुआ करता है। यही वजह है कि शिशु-मन के लिए जो चरम सत्य है, यौवन के स्तर में वह असत्य प्रमाणित हो जाता है। मेरे साथ भी यही बात हुई। पुराने मास्टर साहब की जगह नये मास्टर साहब आये। अतीत को पीछे ठेलकर तब वर्तमान ही मेरे लिये चरम सत्य बन गया। और भविष्य के आग्रह से एक दिन अतीत की छाप हमेशा के लिए मिट गयी।

इसके बाद बहुत दिनों तक मास्टर साहब के बारे में कुछ पता नहीं चला।

कहा जा सकता है कि मास्टर साहब मेरे जीवन से धुल-पूँछ गये।

परन्तु संयोगवश एक दिन उनसे भेंट हो गयी।

वह एक अप्रत्याशित साक्षात्कार ही था।

कॉलेज से लौटकर मैं सिनेमा देखने गया था और अपने एक मित्र के साथ साहबी मुहल्ले से होता हुआ लौट रहा था कि एकाएक बारिश होने लगी। बारिश के पानी से बचने के लिए हम एक मकान के पोर्टिको के नीचे आकर खड़े हो गये। अन्दर से पियानो की आवाज आ रही थी।

मित्र न पीछे की तरफ मुड़कर देखा। अब मैं भी उस स्थान के माहौल के बारे में सचेत हुआ। देखा, घर साहबी मुहल्ले में रहने पर भी वह एक पुराना मकान है। हरदिया दीवार से बालू का पलस्तर झड़ रहा है। मगर मकान की छत काफी ऊँची है। लगा, किसी जमाने में कोई बड़ा साहब इस मकान का मालिक रहा होगा। अब ऐंग्लो-इंडियनों के लिए छोड़ दिया है।

मित्र ने वहाँ के माहौल का मुआयना करके कहा, ''ये लोग सचमुच बहुत सुखी हैं।''

मैंने उसकी बात का विरोध नहीं किया। 'सुख' शब्द बड़ा ही सापेक्ष है। जो आदमी झोंपड़ी में वास करता है उसकी तुलना में लकड़ी के बने मकान में रहनेवाला सुखी है। या जो आदमी धोती-कुरता पहनता है, उसकी तुलना में टेरेलिन पहननेवाला सुखी है। आम धारणा यही है। मगर वास्तव में सचाई क्या यही है?

इन बातों पर तर्क किया जा सकता है परन्तु तर्क से हम किसी निष्कर्ष पर नहीं पहुँचेंगे, इसीलिए मैंने चुप्पी साध ली। बारिश होने की उम्मीद में अँधेरे आसमान की ओर देखता हुआ अनुमान लगाने लगा कि कब तक हमें यहाँ कैदी की हालत में रहना पड़ेगा।

और तभी किन्हीं की बातचीत की फुसफुसाहट और हँसी की खिल-खिलाहट सुनकर मैंने पीछे की ओर देखा। देखा, दोमंजिले से एकमंजिले पर उतरने वाले लकड़ी के बने, रंग-उखड़े जीने से उतरकर एक मर्द और एक ऐंग्लो इण्डियन-महिला सामने खड़ी एक गाड़ी की ओर तेज कदमों से बढ़ रहे हैं।

उन्हें रास्ता देने के खयाल से हम हटकर एक किनारे खड़े हो गये। हवा में एक मीठी गन्ध तैरने लगी। और वे दोनों ज्यों ही गाड़ी के अन्दर बैठे, गाड़ी धुआँ उगलती हुई बारिश के बीच खो गयी।

मगर यह सब एक क्षण के बीच ही हो गया।

और उस एक झलक में ही हम दोनों के मुँह से एक ही साथ निकल पड़ा, ''मास्टर साहब हैं न?''

पोर्टिको के ऊपर कम पावर की बिजली का बल्ब जल रहा था। उसी की रोशनी से जितना जो देखा जा सकता है, हमने उतना-भर ही देखा था। हो सकता है, हमने देखने में गलती की हो। हो सकता है कोई दूसरा ही हो। यों कलकत्ता शहर में मिलती-जुलती शक्ल के आदमी अकसर दीख

जाते हैं। इसके अलावा मास्टर साहब ठहरे खादीधारी आदमी। वे तो पोर्तुगीज जहाज में नौकर होकर हिन्दुस्तान की सीमा के बाहर विदेश में भ्रमण कर रहे हैं। फिर वे इस तरह का कीमती सूट क्यों पहनेंगे? उनके साथ इस तरह की ऐंग्लो-इण्डियन लड़की ही क्यों रहेगी? इसके अतिरिक्त वे इस तरह के स्थान में क्यों आयेंगे?

मित्र बोला, ''कोट-पैण्ट में रहने पर भी मुझे लगा कि हम लोगों के मास्टर साहब ही हैं।''

मैंने भी हामी भरी, ''मुझे भी वैसा ही लगा।''

मित्र बोला, ''लगता है, देखने में गलती हुई।''

मैंने उसकी हाँ-में-हाँ मिलाते हुए कहा, ''हो सकता है। मुझे भी लग रहा है कि मैंने देखने में गलती की है।''

इस घटना के बाद हम दोनों के ध्यान से वह प्रसंग उतर चुका था। इतिहास के आवर्तन-प्रत्यावर्तन के कारण हमारे देश के सामाजिक, राजनैतिक, आर्थिक और भौगोलिक दृष्टिकोण में भी एक परिवर्तन आ गया था। देश के आदमी और उनके मानदण्ड में रातों-रात एक बदलाव आ गया था। पहले हमारे आदर्श थे स्वामी विवेकानन्द, परमहंस रामकृष्णदेव, महाप्रभु चैतन्य, ईश्वरचन्द्र विद्यासागर और राममोहन राय। मगर देश में आजादी आते ही हमारा आदर्श बिन्दु सिनेमा के स्टार या क्रिकेट के खिलाड़ी हो गये। समाज में जिनके पास अनगिनत पैसे थे उन्हीं के सम्मान में वृद्धि होने लगी। सिनेमा-स्टारों के सूट, बाल और साड़ी-ब्लाउज के अनुकरण पर हम अपनी पोशाक की स्टाइल बदलने लगे। चरित्रवान् या भक्त आदमी को छोड़कर हम पैसेवालों का गुणगान करने लगे। यानी जिनके हाथ में ज्यादा वोट हैं, हम उन्हें नाना प्रकार के सम्मानों की उपाधि से विभूषित करने लगे। रातों-रात हमारे मन में यह धारणा बँध गयी कि स्वाधीनता पाकर हम अंग्रेज और अमेरिकी जनता के स्तर पर पहुँच गये हैं, हम उनके समकक्ष हो गये हैं।

ऐसी परिस्थिति में जैसी हालत होनी चाहिए, हमारी हालत वैसी ही हो गयी। हम आदर्शच्युत हो गये। हम मानव से अमानव बन गये।

[ग्यारह]

मैंने पूछा, ''उसके बाद?''

विजय ने कहा, ''मगर इसके लिए सिर्फ कॉस्टेलो साहब ही जिम्मेदार नहीं हैं। कह सकते हो कि हम भी जिम्मेदार हैं। एक आदर्श आदमी हमारे समाज की आदर्श-भ्रष्टता के कारण हमेशा के लिए आदर्श-भ्रष्ट हो गया। उसके जैसे आदमी की पोर्तुगीज जहाज के कैप्टन से कैसे जान-पहचान हुई, यह भी एक आश्चर्यजनक घटना है।''

दिसम्बर का महीना था। बड़े दिन की छुट्टी के दौरान हेडमास्टर ने एक दिन मास्टर साहब को बुला भेजा और कहा, ''कालीपद बाबू, आपको अपने साथ छात्रों को लेकर उन्हें जहाज दिखा लाना है।''

''जहाज?''

कालीपद मास्टर साहब अवाक् हो गये। वे छात्रों को जहाज दिखाने ले जायेंगे?

उन्होंने पूछा, ''जहाज देखने से क्या होगा?''

हेडमास्टर साहब ने कहा, ''अभी से सब-कुछ अपनी आँखों से देख लेना चाहिए। सभी बातों का अभी से उन्हें सामान्य ज्ञान हो जायेगा। बाद में अपना-अपना कैरियर बनाने में बहुतों को इस तरह का ज्ञान सहायता कर सकता है।''

इसके बाद कालीपद मास्टर साहब हमारे क्लास के लड़कों की एक जमात को जहाज दिखाने चाँदपाल घाट ले गये। वह जहाज जैसे जहाज नहीं था, बल्कि छोटी-मोटी एक दुनिया ही था। मानो हमारी दुनिया का एक छोटा संस्करण हो। जहाज पर भी सूर्योदय होता है, सूर्यग्रहण होता है। जहाज पर भी चाँद उगता है और अमावस्या होती है। हम जहाज के कल-पुर्जे देखकर आश्चर्य में खोते जा रहे थे। जहाज का एक साहब हमें सब-कुछ दिखा रहा था। साहब का नाम तब हमें मालूम नहीं था। मगर साहब बड़े ही सज्जन थे। हमें भरपूर खाना खिलाया-चाय बिस्कुट, केक सब-कुछ दिया। बड़े दिनों की छुट्टी में हमारा यह काफी मनोरंजन भ्रमण रहा। सना. जहाज और पन्द्रह दिनों तक चाँदपाल घाट में रहेगा। जब हम वहाँ से

रवाना हुए, साहब ने मास्टर साहब का हाथ पकड़कर हैण्डशेक किया, ''फिर कभी आना मिस्टर डे, आई विल बी ग्लैड टु मीट यू अगेन।''

मास्टर साहब ने कहा, ''हाँ-हाँ, जरूर आऊँगा। आइ टू वुड बी ग्लैड!''

उसके बाद हम दलबल के साथ घर लौट आये।

सड़क पर ट्राम में सवार होने के बाद मास्टर साहब से पूछा, ''आप यहाँ फिर आइएगा, सर?''

मास्टर साहब ने कहा, ''धुत्, दुबारा क्यों आऊँ?''

''फिर आपने क्यों कहा कि आप आयेंगे?''

मास्टर साहब ने कहा, ''यह साहबी शिष्टाचार है। साहब ने शिष्टाचार के नाते कहा और मैंने भी शिष्टाचार का प्रदर्शन किया।''

हमें मालूम था कि इस प्रसंग का अन्त यहीं हो गया। मगर उसका सिलसिला बहुत आगे तक बढ़ा था, यह बात हमें कैसे मालूम होती? हम कैसे यह जान सकते थे कि साहब के अनुरोध ठुकराने में स्वयं को असमर्थ पाकर वे फिर एक दिन वहाँ जाकर साहब से मिल आये थे?

विजय की केस फाइल में उस दिन की तमाम घटना लिपिबद्ध है।

[बारह]

इसी तरह कितने आदमियों के जीवन में कितने ही विचित्र परिवर्तन आते हैं। शुरू में उनका अनुमान लगाना मुश्किल है। यह बहुत-कुछ गंगा के ज्वार की तरह है। गंगा में भाटे के बाद जब ज्वार आता है, गंगा के पानी में जो रहते हैं, उनको शुरू में इसका पता नहीं चलता। वह एक अजीब ही अहसास, अजीब ही सिहरन-जैसी हालत रहती है। उसके बाद जब पानी थोड़ा बढ़ने लगता है तो उस वक्त महसूस होता है कि यह क्या है! यह तो मुझे बहकाकर ले जायेगा। किले के रास्ते में जब गाड़ी बढ़ती है तो यह महसूस होता ही नहीं कि हम कितने नीचे उतर रहे हैं। गाड़ी से उतरकर ऊपर की ओर ताकने पर उनका अहसास होता है।

कॉस्टेलो साहब हालाँकि पोर्तुगीज है परन्तु गोआ में उसके जीवन का एक लम्बा अरसा व्यतीत हुआ है। वह हिन्दुस्तानियों को पहचानता है। हिन्दुस्तानियों से पोर्तुगीजो का शुरू में जो सम्पर्क हुआ था, उसके बारे में वह सुन चुका है। पहले दिन मास्टर साहब से जब उसकी बातचीत हुई थी, उसकी समझ में यह बात आ गयी थी कि मास्टर साहब को पोर्तुगाल की राई-रत्ती तक का पता है।

शायद इसीलिए कहा था, ''फिर किसी दिन आना मिस्टर डे, आई वुड बी ग्लैड टु मीट यू अगेन।''

यह बात कैप्टन कॉस्टेलो ने कही तो थी जरूर, मगर उसे विश्वास नहीं था कि मिस्टर डे आयेगा। खादीधारी हिन्दुस्तानियों को देखकर कॉस्टेलो को डर लगता था। एक तो गांधी के मुल्क का आदमी उस पर खद्दरधारी।

मगर कॉस्टेलो की समझ में यह बात आ गयी थी कि यह आदमी शिक्षित है। खुद कॉस्टेलो पोर्तुगाल के बारे में जितना नहीं जानता है, उससे अधिक जानकारी मिस्टर डे को है।

कॉस्टेलो ने हँसते हुए स्वागत किया। अपने हाथों में मास्टर साहब का हाथ लेकर कहा, ''गुड मॉर्निंग, गुड मॉर्निंग। मैंने सपने में भी नहीं सोचा था कि तुम फिर आओगे, मिस्टर डे। आई ऐम सो ग्लैड!''

मास्टर साहब बोले, "नो, नाट दैट, कल मैंने तुम्हें एक गलत बात बतायी थी। गलती मेरी थी मिस्टर कॉस्टेलो।"

"गलती? मिस्टेक?"

मास्टर साहब बोले, "हाँ, मैंने तुमसे कहा तो जरूर, मगर रात में इतिहास की किताब पढ़ने पर बड़ी शर्म महसूस हुई। सोचा, छि:-छि: मैंने इतनी बड़ी गलती कर दी।"

"मिस्टेक क्या थी?"

मास्टर साहब बोले, "देखो मिस्टर कॉस्टेलो, मैंने तुम्हें कल बताया था कि मुगलों के गवर्नर फतेह खाँ से पोर्तुगीजों की लड़ाई १६७७ ई० में हुई थी। असल में मैंने गलत बताया था। लड़ाई १६७८ ई० में हुई थी।"

साहब को आश्चर्य हुआ। इस मालूली वजह से स्कूल का यह मास्टर फिर से उसके पास आया? इस तरह की बात नहीं हुआ करती है।

मास्टर साहब ने कहा, "इसे तुम मामूली बात कहते हो, मिस्टर कॉस्टेलो? पूरे एक साल की गलती को तुम मामूली गलती कहते हो?"

उनकी बात सुनकर कॉस्टेलो को और भी ज्यादा हैरानी हुई।

बोला, "एक साल की गलती कौन-सी वैसी गलती है?"

"नो, मिस्टर कॉस्टेलो! मैं अगर ऐसी गलती करूँ तो छात्रों की फिर क्या हालत होगी? अगर वे यही गलती इक्जामिनेशन में करते हैं तो फिर? फिर तो मैं उन्हें शून्य दूँगा।, जीरो दूँगा। गैं तो उन्हें माफ नहीं करूँगा। और मैं उनका टीचर होकर यही गलती करता हूँ तो मेरे छात्र भी मुझे शून्य ही देंगे।"

कॉस्टेलो अपने जीवन में बहुत-से आदमियों को देख चुका है, मगर ऐसा अजीब आदमी इसके पहले उसने कभी नहीं देखा था।

मिस्टर कॉस्टेलो हाथ बढ़ाकर मिस्टर डे को पकड़ते हुए बोला, "आओ, अन्दर चले आओ, मेरे केबिन के अन्दर चलो।"

मास्टर साहब ने कहा, "नो साहब, मैं अन्दर नहीं जाऊँगा। मुझे जाना है।"

फिर ऐसी हालत हो गयी कि मास्टर साहब रुकना नहीं चाहते थे और कॉस्टेलो उसे छोड़ना नहीं चाहता था। साहब को जब ऐसा आदमी मिल गया है तो उसका वक्त मजे में कटेगा। जहाज से सारी दुनिया का चक्कर लगा आया है, मगर पोर्तुगाल के बारे में इतनी जानकारी रखनेवाला आदमी

उसने नहीं देखा है। यह नहीं, किस तरह अठारहवीं सदी के मध्यकाल में पोर्तुगीज आराकान और चटगाँव में आये, कब और कैसे मुगल बादशाह के सेनापति से लड़कर उसे हराया, १६०९ ई० में कब किस प्रायद्वीप पर कब्जा कर आराकान के राजा से हाथ मिलाकर १६१० ई० में बंगाल पर धावा बोल दिया—ये सारी बातें मास्टर साहब को जबानी याद हैं।

उस समय बातें करते-करते मास्टर साहब बिलकुल तल्लीन हो गये थे। उनका ध्यान कहीं और था ही नहीं। पोर्तुगालियों का इतिहास हिन्दुस्तान के एक बंगाली मास्टर को जबानी याद है, यह देखकर कॉस्टेलो साहब भी तन्मयता में डूब गये।

अचानक मास्टर साहब को कुछ सन्देह हुआ। तब उनका गला सूखने लगा था।

अपने गिलास की ओर देखते हुए बोले, ''यह क्या चीज है, मिस्टर कॉस्टेलो?''

मिस्टर कॉस्टेलो ने कहा, ''तुम यह क्यों पूछ रहे हो?''

मास्टर साहब बोले, ''मेरा सिर चकराने लगा है।''

मिस्टर कॉस्टेलो ने बताया, ''यह ब्लैक प्रिन्स है।''

''ब्लैक प्रिन्स? ब्लैक प्रिन्स का मतलब?''

मिस्टर कॉस्टेलो ने बताया, ''तुमने ब्लैक प्रिन्स कभी नहीं पी है? वर्ल्ड की बैस्ट ह्विस्की यही है!''

शराब!

उसी दिन रात में कॉस्टेलो ने अपनी मेम साहब से कहा, ''देखा न, यह मास्टर कितना सिम्पल है! उसने कहा : ब्लैक प्रिन्स तो दूर की बात, कभी मैंने किसी भी किस्म की ह्विस्की नहीं पी है। कितना ऑनेस्ट है! मैं उसके लिए कुछ करना चाहता हूँ।''

मेम साहब ने पूछा, ''क्या करोगे?''

''कुछ-न-कुछ करना चाहता हूँ। बड़ा ही पुअर आदमी है। जहाँ नौकरी करता है, महीने में सिर्फ ढाई सौ रुपये मिलते हैं, हालाँकि लर्नेड

आदमी है। पोर्तुगीज होने के बावजूद मैं पोर्तुगाल की हिस्ट्री उतना नहीं जानता, इण्डियन होने पर भी जितनी वह जानता है।''

जिस जगह साहब और मेम साहब के बीच बातचीत हो रही थी, उसकी बगल के केबिन में मास्टर साहब नशे में चूर होकर बेहोश पड़े थे। बीच-बीच में कुछ बड़बड़ाते थे और फिर बेहोश हो जाते थे। ब्लैक प्रिन्स ब्लैक प्रिन्स।

कॉस्टेलो ने एक ठहाका लगाया।

मेम साहब ने पूछा, ''हँस क्यों रहे हो?''

मिस्टर कॉस्टेलो ने कहा, ''मास्टर की बात सुनकर। ब्लैक प्रिन्स पीने पर भी वह समझ नहीं सका कि वह ब्लैक ह्विस्की पी रहा है। वेरी स्ट्रेञ्ज! ड्रिंक नहीं करता हो, जिन्दगी में वैसा आदमी आज मैंने पहले-पहल देखा। इण्डियन लोग सचमुच ही स्ट्रेञ्ज! क्रीचर होते हैं। यही वजह है कि हम इतने दिनों तक इण्डिया पर शासन करते रहे।''

मास्टर साहब वास्तव में उस दिन जहाज पर रात नहीं गुजारना चाहते थे। वे जितना पीते जाते थे कॉस्टेलो साहब उतना ही कहते थे, ''थोड़ी-सी और लो, मिस्टर डे।''

मास्टर साहब ने कहा था, ''नहीं-नहीं, अब नहीं लूँगा, मिस्टर कॉस्टेलो। मेरा सिर चकरा रहा है। मैं घर जाऊँगा।''

कॉस्टेलो ने कहा, ''घर कैसे जाओगे? इस हालत में मैं तुम्हें घर नहीं जाने दूँगा।''

मास्टर साहब ने कहा था, ''घर नहीं जाऊँगा तो मैं खाऊँगा क्या? मुझे अभी घर जाकर भात-दाल पकाना है।''

''तुम खाने के बारे में सोच रहे हो? मैं यहीं तुम्हारे खाने की चीजें मँगवाता हूँ। ठहरो, मैं यहीं तुम्हारे लिये डिनर मँगाने का इन्तजाम करता हूँ। मैं भी तुम्हारे साथ ही एक टेबल पर बैठकर खाना खाऊँगा।''

यह कहकर साहब ने खाना लाने का आदेश दिया। घण्टी बजते ही ढेर सारी तश्तरियों में खाने की अजीब-अजीब चीजें वहाँ आ गयीं।

मास्टर साहब ने पूछा था, ''यह क्या मांस है, साहब?''

''हाँ, चिकेन। चिकेन रोस्ट।''

मास्टर साहब ने कहा था, ''मगर मैं न तो मांस खाता हूँ और न मछली। आई ऐम ए वेजिटेरियन—मैं शाकाहारी हूँ।''

''अरे मास्टर, तुम तो ड्रिंक भी नहीं करते थे। अब ड्रिंक कर चुके हो। ड्रिंक किया है और उसके साथ प्रोटीन नहीं खाओगे? ऐसा कहीं होता है? ड्रिंक के साथ प्रोटीन नहीं लेना बड़ा ही डेंजरेस होता है। चिकेन बेस्ट प्रोटीन होता है। खाओ, खाओ, मुँह में डालो।''

साहब ने जबरन रोस्ट मुर्गे का एक टुकड़ा मास्टर के मुँह में डाल दिया। तब मास्टर साहब को जोरों से भूख लगी थी। पेट में भी तब ह्विस्की के कई पेग जा चुके थे। उनमें जैसे राक्षसी भूख समा गयी हो। मास्टर को खाते हुए देखकर साहब को लगा, वह जैसे रो रहा हो।

''यह क्या, तुम क्यों रो रहे हो मास्टर?''

मास्टर साहब सचमुच रो रहे थे।

साहब ने दुबारा पूछा था, ''तुम रो क्यों रहे हो मास्टर? क्या हुआ है?''

मास्टर ने रोते-रोते कहा था, ''अब मैं क्या करूँ, साहब?''

''तुम इतनी चिन्ता क्यों कर रहे हो मास्टर? तुम्हें कुछ भी नहीं हुआ है। चिन्ता मत करो। डोण्ट क्राई। तुम्हें क्या हुआ है?''

मास्टर ने कहा था, ''अब मैं घर कैसे जाऊँ?''

''तुम्हें अभी घर जाने को कौन कह रहा है?''

''मैं यहाँ कहाँ सोऊँगा?''

''अरे मास्टर, तुम भी अजीब हो। जहाज में सोने की जगह की कोई कमी है? यहाँ इसी केबिन में बिस्तर पड़ा है। तुम इसी केबिन में सोओगे।''

''आज शाम के वक्त मुझे ट्यूशन पर जाना है। मुझे अपने छात्र को पढ़ाने के लिए जाना है। वह मेरे लिये इन्तजार करेगा। उसकी परीक्षा करीब है। आज वहाँ नहीं जाऊँगा तो उसकी बहुत बड़ी हानि होगी।''

साहब ने कहा था, ''एक दिन नागा करने से कौन-सी बड़ी हानि हो जायेगी?''

मास्टर साहब ने कहा था, ''होती है साहब, हानि होती है। तुम यह बात समझ नहीं सकोगे, साहब। तुम ही क्या, कोई नहीं समझ सकेगा। हम लोगों के स्कूल के हेडमास्टर की समझ में भी यह बात नहीं आती है। मैं क्लास में जब छात्रों को पढ़ाता हूँ तो समझ नहीं पाता हूँ कि घण्टा कब बज चुका। कब टाइम ओवर हो चुका।...मैं चलूँ साहब, घर चलूँ।''

"मगर तुम कैसे जाओगे? अभी रात का एक बज रहा है।"

"एक! रात का एक!"

यह कहकर मास्टर साहब खुलकर रोने लगे थे।

उसके बाद रात में उठे नहीं। उस रात नशे में चूर, बेहोशी की हालत में उसी केबिन में पड़े रहे।

[तेरह]

विजय सरकार की केस फाइल में जिस गोपनीय रिपोर्ट की नकल थी, उसमें ये सारी बातें विस्तार के साथ लिखी हुई थीं। लिखा हुआ था कि किस तरह वह ब्रह्मचारी स्कूल टीचर एक दिन के अध:पतन की ग्लानि से आहत होकर अनुताप की भट्ठी में जलकर खाक हो गया।

मगर उसके लिए जो असली आदमी जिम्मेदार था, उसकी क्या हालत हुई?

उसने भी तब भरपेट ब्लैक प्रिन्स ह्विस्की पी थी। साथ ही मेम साहब ने भी। मगर वे लोग इस मामले में परिपक्व हो चुके थे। तब उन्हें नशा भी नहीं आया था। दो-चार पेग ज्यादा पी लेते तो उन्हें कोई हानि नहीं होती।

मास्टर की हालत देखकर मेम को थोड़ी दया आयी।

वह बोली, ''उस इन्नोसेण्ट आदमी को तुमने इतनी ब्लैक प्रिन्स क्यों पिलायी?''

साहब ने कहा, ''तुम ठीक ही कह रही हो, मैं समझ नहीं सका। मैं समझ नहीं सका कि आदमी नशे में इतना चूर हो सकता है। कल्पना भी नहीं थी कि इण्डियन लोग इतने गुड होते हैं, हालाँकि हम बचपन से सुनते आये थे कि इण्डियन बहुत ही बैड पीपल होते हैं—बहुत ही इम्मॉरल जात। झूठा, ठग, मक्कार...''

एक क्षण चुप रहने के बाद फिर बोला, ''ठीक है, मैंने मास्टर की जो हानि की है उसे कम्पेन्सेट करूँगा। मैं उसे अपने जहाज में नौकरी पर रख लूँगा।''

''नौकरी दोगे? कौन-सी नौकरी?''

साहब ने कहा, ''कोई-न-कोई नौकरी दूँगा ही। जहाज में नौकरी की कौन-सी कमी है? वह इतना लर्नेड आदमी है, इतना ऑनेस्ट, इतना विश्वासी! तमाम दुनिया में खोजने पर भी ऐसा आदमी नहीं मिलेगा। वह जहाँ नौकरी करता है वहाँ उसे महज ढाई सौ रुपये मिलते हैं। मैं उसे तीन सौ रुपये तनख्वाह दूँगा, उसके अलावा खाना-रहना फ्री रहेगा।''

मेम साहब ने कहा, ''मगर वह जेण्टलमैन यहाँ की नौकरी मंजूर करेगा?''

साहब ने कहा, ''बिना मंजूर किये उसके लिए कोई चारा नहीं है, इसलिए मंजूर करेगा ही। अब स्कूल जाकर छात्रों के बीच वह मुँह दिखाने लायक नहीं रह गया। इस नौकरी को स्वीकारने के अलावा उसके लिए कोई उपाय नहीं है।''

दूसरे दिन जब सुबह हुई और साहब मास्टर के केबिन में गया तो उसे गहरी नींद में डूबे पाया। घड़ी तब सुबह के सात बजा रही थी। घड़ी की सुई जब आठ पर पहुँची, तब भी वह नींद में डूबा हुआ था। उसके बाद नौ, फिर दस, फिर ग्यारह, फिर बारह। तब भी मास्टर होश में नहीं आया।

जब घड़ी ने दिन के डेढ़ बजाये और लंच का वक्त हो गया, तब वहाँ जाने पर देखा कि मास्टर बिस्तर पर लेटा हुआ है और उसकी आँखें खुली हुई हैं।

साहब ने मास्टर की आँखें खुली हुई देखकर कहा, ''गुड मॉर्निंग मिस्टर ब्लैक प्रिन्स।''

उसके बाद अनेक बरसों तक मास्टर के० पी० डे का कोई पता ही नहीं चला। पुलिस की एक्सटर्नल इण्टेलिजेन्स ब्राँच की नोटबुक में कुछ भी नहीं लिखा है। तब से १९६२ ई० में हिन्दुस्तान से पोर्तुगीजों के चले जाने तक उसका कोई अता-पता नहीं चला। उसके अतीत के कारनामों की बहुत तलाश की गयी है मगर के० पी० डे ने उसका कहीं कोई चिह्न नहीं रहने दिया है।

असल में उस बीच मिस्टर के० पी० डे ब्लैक प्रिन्स के रूप में बदल चुका है। भारत सरकार के खुफिया विभाग के न जानने पर भी कॉस्टेलो को मालूम है। कॉस्टेलो जानता है कि वह ईमानदार, सच्चा और पवित्र आदमी आहिस्ता-आहिस्ता किस तरह रसातल में धँसता गया। कलकत्ता डॉक में जो शुरुआत हुई तो उसका सिलसिला जहाज पर भी चलता रहा। वह फिर घर नहीं लौटा। घर लौटेगा ही क्यों? और किसके लिए ढाई सौ रुपये माहवार पानेवाला स्कूल-टीचर कालीपद डे लौटेगा? मगर छात्र? वे जहन्नुम में जायें, उन्हें कोई आपत्ति नहीं है। तब वह मिस्टर कॉस्टेलो के जहाज में तीन सौ रुपये माहवार पर स्टोर-क्लर्क के पद पर था। तनख्वाह के अलावा उसे मुफ्त में रहने-खाने की सुविधा थी तथा पैसेज और ब्लैक प्रिन्स भी बिना पैसे की मिल जाती थी।

तनख्वाह हालाँकि तीन सौ रुपये ही है मगर काम बहुत ही हल्का है। एक तरह से काम है ही नहीं। काम के लिए दो-दो असिस्टेण्ट हैं। उनको

आदेश देना ही उसका काम है। इसके अलावा उसे और एक काम करना पड़ता है। और वह शाम को नहीं, बल्कि रात में। रात में ही मिस्टर डे ब्लैक प्रिन्स बन जाता है।

''गुड ईवनिंग, ब्लैक प्रिन्स!''

जवाब में ब्लैक प्रिन्स कहता, ''गुड ईवनिंग सर।''

एक मालिक है, दूसरा नौकर। मगर ब्लैक प्रिन्स ह्विस्की ऐसा जादू दिखाती कि मालिक-नौकर का रिश्ता बिलकुल खत्म हो जाता। तब वे दोस्त बन जाते। ब्लैक प्रिन्स ऊँच-नीच, गोरे-काले को एक-जैसा बना देती थी। ब्लैक प्रिन्स बोतल से और एक पेग डिकेण्टर में ढाल देता था। उसके बाद एक पेग और, उसके बाद फिर दूसरा पेग। इसी तरह कालीपद डे का नाम ही हो गया ब्लैक प्रिन्स। जब जहाज अपने देश के बन्दरगाह पर पहुँचा तो हिन्दुस्तान का ब्लैक प्रिन्स और-और लोगों के साथ नीचे उतरा। देखा, वह एक अजीब ही देश है। उस देश से और हिन्दुस्तान में जमीन-आसमान का अन्तर है। जिस तरह आबोहवा अलग है, आदर्श भी उसी तरह अलग हैं।

कॉस्टेलो तब भी उसे ब्लैक प्रिन्स पिलाता था और ब्लैक प्रिन्स के नाम से पुकारता था।

ब्लैक प्रिन्स बीच-बीच में पूछता, ''तुम्हारा जहाज फिर कब रवाना होगा, कॉस्टेलो?''

कॉस्टेलो ने कहा, ''जल्दी ही रवाना होगा। क्यों धरती पर रहना तुम्हें अच्छा नहीं लगता क्या?''

ब्लैक प्रिन्स ने कहा, ''अच्छा ही लगता है। मगर जहाज पर सैर करने से बहुत-से देश देखने का मौका मिलता है। पानी में तैरते रहने पर यह बात समझ में आती है कि यह धरती कितनी बड़ी है।''

कॉस्टेलो ने कहा, ''ऐसा समझोगे तो तुम्हारा पेट तो नहीं भरेगा। असल में तुम्हें अपना आदर्श बदलना है। तुम्हारे गांधी का जो आदर्श है तुम्हें उस आदर्श को बदलना है।''

''क्यों? ब्लैक प्रिन्स ने अवाक् होकर पूछा।

''इतने-इतने मुल्कों का चक्कर लगा आये और इस पर भी तुम पूछ रहे हो—'क्यों'? तुमने खादी की धोती पहनना छोड़कर यह जो सूट पहनना शुरू किया है, इससे तुम्हें कोई असुविधा होती है?''

ब्लैक प्रिन्स हँसा। ''नहीं।'' उसने कहा।

"तुम वेजेटेरियन डिश छोड़कर यह जो मटन-चिकेन खाना शुरू किया है, इससे तुम्हारी सेहत सुधरी है या बिगड़ी है।"

ब्लैक प्रिन्स ने कहा, "पहले के बनिस्बत सेहत बहुत ही अच्छी हो गयी है।"

"फिर? फिर तुम व्यर्थ ही हमेशा के लिए जहाज में तीन सौ रुपये की नौकरी क्यों करना चाहते हो? तुम्हें बिजनेस करना है। ऐसा विजनेस जिससे तुम्हें जल्दी-से-जल्दी ढेर सारा पैसा मिल जाये—लाखों-करोड़ों रुपये। तुम दुनिया का चक्कर लगा ही आये हो। दुनिया में सबसे ज्यादा डिमाण्ड किस चीज की है? पैसा चाहनेवालों की तादाद ज्यादा है या नीति चाहनेवालों की? मॉडर्न दुनिया में किस चीज की ज्यादा कद्र है?"

ब्लैक प्रिन्स ने कहा, "पैसे की।"

"हाँ, पैसे की ही है। पैसे से ही दुनिया चल रही है। पैसे से ही दुनिया का प्रोग्रेस हो रहा है। तुम्हारे गांधी की थ्योरी गलत है। वह थ्योरी आउट-डेटेड है। नाइण्टीन्थ सेंचुरी के आदर्श को गोली मारो। मैं इंग्लैण्ड, अमेरिका, फ्रांस, रूस से हो आया हूँ। उन मुल्कों में टेकनॉलॉजी की बेहद तरक्की हो चुकी है। तुम लोगों का मजहब-मार्का आदर्श बहुत ही पीछे छूट गया है। मैं यह नहीं कह रहा हूँ कि मजहब बुरी चीज है। हम क्या मजहब पर विश्वास नहीं रखते? रखते जरूर हैं, मगर वह सिर्फ रविवार तक तक ही सीमित रहता है। रविवार को हम चर्च जाकर धार्मिक अनुष्ठान कर पवित्र होते हैं और सप्ताह के बाकी दिन टेकनॉलॉजी की पूजा करते हैं। टेकनॉलॉजी की पूजा का मतलब है पैसे की पूजा। पैसा रहेगा तभी न धर्म-कर्म हो सकेगा?"

एक क्षण मौन रहने के बाद फिर बोला, "हाँ, एक बात और। मैंने बीच-बीच में देखा है कि तुम किताब पढ़ते रहते हो।"

ब्लैक प्रिन्स ने कहा, "हाँ पढ़ा करता हूँ। यह मेरी पुरानी आदत है।"

"तुम्हें किताब कहाँ मिल जाती है?"

"जिन बन्दरगाहों पर उतरता हूँ, वहाँ किताब की दुकान देखकर रुक जाता हूँ। उसके बाद किसी अच्छी किताब पर निगाह जाती है तो खरीद लेता हूँ।"

"किस तरह की किताबें हैं?"

ब्लैक प्रिन्स ने कहा, "मेरा सब्जेक्ट हिस्ट्री है। इसीलिए हिस्ट्री की किताब मिलती है तो खरीद लेता हूँ। उसके बाद फिलॉसफी की किताबें खरीदता हूँ।"

कॉस्टेलो ने ऐसा मुँह बनाया जैसे उसने कोई कसैली चीज खा ली हो। बोला, ''नहीं-नहीं, ऐसा काम मत किया करो। उस तरह की किताबें गलती से भी नहीं छूना। फिर तुम्हारे लिये जिन्दा रहना मुश्किल हो जायेगा। दुनिया के बारे में तुम्हारे मन में वैराग्य पैदा हो जायेगा। वैराग्य बुरी चीज होता है। उसी के कारण हिन्दुस्तान इतना पिछड़ा हुआ है। पढ़ना है तो सिर्फ थ्रिलर और डिटेक्टिव उपन्यास पढ़ा करो। उससे तुम्हारी चिन्तन-शक्ति डिसिप्लिण्ड होगी, तुम्हारी लाइफ रेगुलेटेड होगी।''

मास्टर साहब को उसकी बातें युक्तिसंगत प्रतीत होती थीं। इन देशों में कितना वैभव है! घर, गाड़ी, सौभाग्य के यहाँ जैसे पर्वत हों। वहाँ के शहरों के सामने कलकत्ता, मद्रास, दिल्ली और बम्बई बौने-जैसे लगते हैं। न्यूयार्क, पेरिस और लन्दन के सामने सभी फीके लगते हैं। इन शहरों में ऐसे भी नाइट क्लब हैं जहाँ एक प्याली चाय की कीमत दो सौ रुपये है। मगर उतनी कीमत चुकाकर भी चाय पीनेवाले आदमियों का वहाँ अभाव नहीं है। फिर इतने-इतने रुपये कहाँ से आते हैं? आते हैं तो टेकनॉलॉजी की बदौलत। टेकनॉलॉजी का श्रेष्ठदान यह पैसा है। और पैसे का मानी है सुख, ऐश्वर्य, सौभाग्य, ब्लैक प्रिन्स।

बात सुनते-सुनते कालीपद डे को महसूस होता कि कॉस्टेलो साहब ठीक ही कह रहा है। मजहब-मार्का आदर्श का युग कब का पीछे छूट गया, इस पर उसने ध्यान ही नहीं दिया था। कालीपद डे अब तक उससे ही चिपके पड़े हैं।

इतने दिनों में आदमी की केंचुल ही नहीं बदली है, मन भी बदलकर और ही तरह का हो गया है, दिमाग पूरी तरह धुल चुका है। इस बीच रुपया कमाने के उपायों की भी आदमी ने खोज कर ली है।

इस बात की चर्चा करते ही कॉस्टेलो उछल पड़ा।

बोला, ''वेरी गुड आइडिया। फिर तुम हिन्दुस्तान जाओ। मैं यहाँ से तुम्हें हेल्प करता रहूँगा।''

तब गोआ से पोर्तुगीजों की पताका उखड़ चुकी थी। वहाँ का आखिरी जहाज भोंपू बजाता हुआ, हिन्दुस्तान की समुद्री सीमा छोड़कर रवाना हो चुका था। ब्लैक प्रिन्स जिसकी कल्पना करता है उसे कार्य के रूप में भी परिणत करता है।

उसके बाद एक दिन न्यूयार्क से एक काला साहब जेट प्लेन पर सवार हुआ। वह कहाँ जायेगा? ''आर यू इण्डियन? तुम क्या हिन्दुस्तानी हो।''

''येस।''

पासपोर्ट के फोटो से चेहरा मिलाकर देखने पर उस आदमी के मन में कोई सन्देह नहीं रह गया।

बोला, ''यू मे गो।''

एक दूसरे कमरे में कस्टम ऑफिस के लोगों ने बोरे-बिस्तरे की तलाशी ली, कोट की जेबों की तलाशी ली। कहीं कुछ आपत्तिजनक चीज नहीं मिली।

'यू मे गो।'

हवाई जहाज रवाना हो गया।

[चौदह]

शुरू में किसी को भी पता नहीं चला। विजय सरकार तो पुलिस डिपार्टमेण्ट का एक तुच्छ स्टाफ है, भारत सरकार के इण्टर्नल इण्टेलिजेन्स विभाग के सबसे बड़े पदाधिकारी को भी कुछ पता नहीं चला। कलकत्ते की पार्क स्ट्रीट के बाशिन्दों को भी पता नहीं चला था।

एक विलासपूर्ण फ्लैट के एक अपार्टमेण्ट में एक काला साहब रहने के लिए आया। काला होने से क्या होगा, उसका चाल-चलन बहुत ही मार्जित है। लिफ्ट से उतरकर सड़क पर खड़ी अपनी गाड़ी में बैठता है और उस मकान के सभी आदमियों की तरह वह भी कहीं अदृश्य हो जाता है। लिफ्टमैन, जमादार, क्लीनर, स्वीपर, इलेक्ट्रीशियन, मैकेनिक़ और दरबान दूसरे-दूसरे साहबों को जिस तरह सलाम करते हैं, नये साहब को भी निगाह पड़ते ही उसी तरह सलाम करते हैं। क्योंकि साहब का मतलब साहब ही है। साहब का मतलब मालिक होता है। मालिक ही अन्नदाता होता है। अन्नदाता चाहे काला हो चाहे गोरा, उसे सलाम न करना अपराध है।

दो दिन बाद ही पता चल गया कि नये साहब का नाम ब्लैक प्रिन्स है।

मगर उसका असली नाम ब्लैक प्रिन्स नहीं है। असली नाम साहब के लेटर बॉक्स पर सफेद रंग के अंग्रेजी अक्षरों में लिखा है—के० पी० डे। मगर कलकत्ते के बड़े-बड़े वी० आई० पी० की जमात के बीच उसका पुकारू नाम है ब्लैक प्रिन्स।

साहब आयात-निर्यात का व्यवसाय करता है। इसीलिए कहीं से कई गाड़ियाँ आकर फ्लैट के सामने सड़क पर खड़ी होती हैं और उनसे किस्म-किस्म की पोशाक पहने, नाना जाति के लोग उतरते हैं। तब बाहर के होटल से खाने-पीने की सामग्री आती है, वेटर, बॉय, बाबर्ची आते हैं।

उसके बाद वे कितनी रात में वहाँ से जाते हैं, किसी को इसका पता नहीं चलता है और पता चल भी जाता है तो उसके लिए कोई अपना माथा नहीं खपाता है। क्योंकि साहब के मामले में माथा खपाना घनघोर अपराध है।

ठीक उसी समय थाने में ब्लैक प्रिन्स के बारे में पहली शिकायत पहुँचती है और शिकायत यह कि ब्लैक प्रिन्स के फ्लैट में एक आदमी की हत्या हो गयी है।

पुलिस के खाते में पहली बार ब्लैक प्रिन्स का नाम लिखा गया। पुलिस ब्लैक प्रिन्स के फ्लैट की तलाशी लेने पहुँची।

हत्या!

'हत्या' शब्द से थाने के अफसरों का जन्म से ही परिचय हुआ करता है। यही वजह है कि वे आम लोगों की तरह इससे विचलित नहीं होते।

मगर ड्यूटी तो करनी ही है। ड्यूटी के लिए वे प्राण तक न्योछावर कर सकते हैं।

विजय सरकार उन दिनों पार्क स्ट्रीट थाने का ओ० सी० था। उसे दलबल के साथ ड्यूटी पर जाना पड़ा। उन्होंने देखा, विलासिता किसे कहते हैं।

बाहर से काल-बेल बजाते ही एक आदमी ने अन्दर से दरवाजा खोल दिया।

''आप लोग किससे मिलना चाहते हैं।''

''हम पार्क स्ट्रीट थाने से आ रहे हैं। मिस्टर डे से मिलना चाहते हैं।''

यह कहकर अनुमति की प्रतीक्षा बिना किये वे पार्टीशन को पारकर सीधे अन्दर की ओर चले गये। असल में वह फ्लैट नहीं, सूट है। पार्लर, बेडरूम सब-कुछ अलग-अलग हैं। सुजज्जित अपार्टमेण्ट।

विजय ने अन्दर जाते ही कहा, ''मैं पार्क स्ट्रीट थाने से आ रहा हूँ।''

मिस्टर डे ने कहा, ''आइए, मैं आपकी कौन-सी सेवा कर सकता हूँ? ड्रिंक्स?''

विजय सरकार के दलबल के साथ अन्दर प्रवेश करने के पहले से ही वहाँ काफी लोग गपशप करते अड्डेबाजी कर रहे थे। पुलिस को वहाँ आते देखकर भी उनके भाव में कोई परिवर्तन नहीं आया। उन लोगों की गपशप, हँसी-मजाक और अड्डेबाजी का सिलसिला पहले की तरह ही चलता रहा।

मिस्टर डे ने विजय सरकार से कहा, ''आइए, बैठिए!''

विजय सरकार ने कहा, ''मैं ड्यूटी पर आया हूँ, ड्यूटी खत्म कर मुझे चला जाना है। बैठूँगा नहीं।''

अब मिस्टर डे ने खड़े होकर कहा, ''फिर तो आपने मुझे मुश्किल में डाल दिया। मुझे ही खड़ा होना पड़ा। आप मेरे गेस्ट हैं। आप जब तक नहीं बैठते हैं, मैं कैसे बैठूँ?''

यह कहकर बायें हाथ के गिलास को अपने मुँह में उँडेलकर, दाहिने हाथ की उँगलियों में दबी सिगरेट से कश लिया।

बोला, ''अब कहिए, मैं आपकी कौन-सी सेवा कर सकता हूँ?''

विजय ने कहा, ''मैं आपका अपार्टमेण्ट सर्च करूँगा। हियर इज द सर्च वारण्ट। आप लोग जिस तरह बैठे हैं, उसी तरह बैठे रहें। आप लोगों में से कोई आदमी हिल-डुल नहीं सकता है।''

''ह्वाट!!!''

शून्य से प्रश्न की एक बिजली कड़ककर अतिथियों के कलेजे पर गिर पड़ी। परन्तु मिस्टर डे ने उस ओर ध्यान ही नहीं दिया।

विजय सरकार ने कहा, ''आपके अपार्टमेण्ट में एक मर्डर हुआ है, इस तरह का एक कम्प्लेण्ट आया है।''

''मर्डर! इज इट? फिर आप सभी तुरन्त इनक्वायरी कर लें। यू प्लीज डू योर ड्यूटी। आइ वोण्ट ऑब्जेक्ट। मैं बल्कि आप लोगों की सहायता ही करूँगा। मर्डर हुआ है? हमारे यहाँ? और मुझे मालूम ही नहीं, दैट्'स वेरी स्ट्रेञ्ज।''

विजय यह सब देख चुका है। वह इन चालबाजियों के भुलावे में आनेवाला नहीं है।

बोला, ''मैं एक बार बेडरूम के अन्दर जाना चाहता हूँ। अन्दर कोई है क्या?''

''ग्लैडली। आइए, चलिए, मैं आपको अन्दर ले चल रहा हूँ। चलिए।''

विजय बोला, ''नहीं, आप चुपचाप सोफे पर बैठे रहिए। मुझे जो करना होगा, खुद ही कर लूँगा।''

यह कहकर उसने अपने दल के कुछ लोगों को पहरे पर छोड़कर बाकी लोगों के साथ कमरे के अन्दर प्रवेश किया। करीने से सजा हुआ कमरा है। उसमें चार पलँग बिछे हैं। शुरू में उसे सन्देह हुआ कि चार सिंगल पलँग क्यों हैं? यहाँ क्या चार आदमी सोते हैं?

बगल के कमरे से उन लोगों के हँसी-ठहाके की आवाज आ रही थी। विजय को लगा, असली बात यही है कि थाने में जाकर किसी ने झूठी

डायरी लिखा दी है। इसके अलावा शयन-कक्ष में चाहे चार बिस्तर रहें, चाहे दस, यह फ्लैट के मालिक का निजी मामला है। उसके सम्बन्ध में उसे उत्सुकता नहीं दिखानी चाहिए।

मगर हत्या? हत्या कहाँ हुई? किसने हत्या की है? किसकी हत्या की है?

बगल में ही बाथरूम है। बाथरूम के दरवाजे को खोलकर विजय ने उसके अन्दर झाँककर देखा। वहाँ कुछ भी नहीं है। वहाँ हत्या की कोई निशानी नहीं है। देखकर विजय सरकार लौट ही रहा था कि एकाएक उसकी निगाह बेसिन के पीछे गयी और ठिठककर खड़ा हो गया।

क्या है? वह क्या चीज हो सकती है?

विजय सरकार थोड़ा और आगे बढ़ा। देखा, बेसिन के पीछे नीचे की तरफ एक फटा कपड़ा गठरी की तरह बँधा हुआ पड़ा है। उसे हाथ से छूते ही वह चौंक पड़ा। कपड़ा लोहू के दागों से भरा था।

मिस्टर डे को बुला लाने की आज्ञा देकर विजय उसकी पूरी छानबीन करने लगा। लगता है, लोहू के दाग बिलकुल ताजा ही हैं।

मिस्टर के० पी० डे के आते ही विजय ने पूछा, "यह क्या है मिस्टर डे?"

"देखूँ।"

यह कहकर उसने उस चीज को देखा और कहा, "देखिए, यह मेरी मिसेज का बाथरूम है। वही बता सकती हैं कि यह क्या चीज है। मैं उन्हें बुलवाता हूँ।"

यह कहकर उसने वहीं से पुकारा "जूली"।

जिस महिला ने विजय के आने के वक्त दरवाजा खोला था, वही आयी। उस चीज को देखकर वह बोली, "यह लोहू का नहीं, महावर का दाग है। महावर का रंग लाल हुआ ही करता है।"

"महावर?"

जूली बोली, "हाँ। देखिए, आज ही मैंने महावर लगाया है। महावर लगाने के वक्त शीशी टूट गयी थी और मैंने इसी कपड़े से उसे पोंछा था। देखिए, टूटी शीशी के काँच के टुकड़े यहीं पड़े हैं।"

यह कहकर उसने टीन का एक डिब्बा बाहर निकाला। उसके अन्दर टूटी हुई शीशी के टुकड़े थे।

विजय ने देखा। फिर भी उसका सन्देह दूर नहीं हुआ। वह महावर से रँगे कपड़े को अपने साथ थाने में ले आया।

लौटने के समय उसने कहा, "आप अन्यथा नहीं सोचिएगा मिस्टर डे, मैं अपनी ड्यूटी पूरी कर यहाँ से जा रहा हूँ। आपको बेवजह तंग किया, इसके लिए मैं दु:खित हूँ।"

बस, उसी समय विजय सरकार की नोटबुक में पहले-पहल के० पी० के ब्लैक प्रिन्स का नाम दर्ज हुआ।

मगर इसी घटना से इस बात का अन्त नहीं हुआ। ब्लैक प्रिन्स के नाम पर एक के बाद दूसरा और दूसरे के बाद तीसरा मामला दर्ज होने लगा।

कलकत्ते का चिड़ियाखाना देखने के लिए एक लड़की अपने माँ-बाप के साथ स्यालदह स्टेशन पर उतरी। भीड़ में बस पर चढ़ते वक्त लड़की एकाएक लापता हो गयी। लड़की की उम्र अठारह या उन्नीस साल की होगी, वह अभी तक कुँवारी ही थी।

थाने में खबर पहुँची। स्थानीय थाने से कलकत्ते के लाल बाजार में खबर भेजी गयी जहाँ पुलिस का मुख्य कार्यालय है। विजय को भी खबर मिली। दो महीने तक कोई अता-पता ही नहीं चला। चारों तरफ खोज होने लगी।

"नाम क्या है?"

"कमला। कमलाबाला दासी।"

माँ-बाप पुलिस के पैरों पर लोट-लोटकर रोने लगे। उनकी रुलाई से लाल बाजार गूँज उठा। पुलिस के बड़े बाबू ने उन्हें डाँटा।

उनकी बात सुनकर जो कुछ समझ में आया वह यह कि भीड़ में बस पर चढ़ते वक्त लड़की दिखायी नहीं पड़ी।

लड़की का नाम क्या है?"

"कमलाबाला दासी।"

"चेहरा कैसा है?"

लड़की की माँ ने यथासम्भव ब्यौरा दिया।

"फोटो है?"

"नहीं।"

पुलिस ने लड़की के माँ-बाप का पता लिख लिया। उसके बाद तमाम कलकत्ते में तलाश होने लगी। कलकत्ते के बाहर भी खबर भेजी गयी।

मगर उसके बाद एक-एक कर दो महीने बीत गये। फिर पूरा एक साल। आखिर में विजय सरकार को सूचना मिली कि उस तरह के चेहरे से मिलती-जुलती एक लड़की अमुक तारीख को पार्क स्ट्रीट के उसी फ्लैट में दिखायी पड़ी थी। वहाँ के स्वीपर, जमादार, नौकर-चाकर और मैनेजर ने उसे देखा था। लड़की सिर्फ उसी तारीख को नहीं बल्कि और भी कई बार दिखायी पड़ी। अजनबी चेहरा देखकर सभी आश्चर्य में खो गये थे। मगर चूँकि वह फ्लैट है, इसीलिए किसी ने ज्यादा कौतूहल नहीं दिखाया। चेहरे को जो ब्यौरा दिया गया था उससे लड़की के चेहरे में सादृश्य रहने पर भी उसका लिबास गाँव की लड़की के जैसा नहीं था। सिर के बालों की स्टाइल, साड़ी, गहनों और तौर-तरीकों से वह बिलकुल आधुनिका जैसी लगती थी।

खबर मिलते ही विजय सरकार फ्लैट के अन्दर गया था। घण्टी बजाते ही एक अजनबी महिला ने दरवाजा खोल दिया था।

"आप किससे मिलना चाहते हैं?"

विजय सरकार ने वही उत्तर दिया जो इसके पहले एक बार दे चुका था।

उसके बाद विजय अपने दल-बल के साथ कमरे के अन्दर दाखिल हुआ। अन्दर पहले जैसा ही दृश्य था। एक जमात हँसी-ठहाके, शोरगुल और गपशप में मशगूल थी। उससे पुनः शराब पीने का अनुरोध किया गया। विजय सरकार ने पहले की तरह ही विनम्रता के साथ अपनी अस्वीकृति जतायी। उसके बाद वह पुनः बाथरूम के अन्दर गया।

अन्ततः उस बार भी कुछ हाथ नहीं लगा।

मगर एक नयी महिला को देखकर विजय को आश्चर्य हुआ। मिस्टर डे ने अपनी मिसेज कहकर ही उसका परिचय दिया था। ब्लैक प्रिन्स क्या साल में एक बार अपनी स्त्री भी बदलता रहता है?

पुलिस तलाशी का परवाना लेकर अन्दर आयी थी लेकिन उसके कारण किसी में भी भय, लज्जा या संकोच का कोई चिह्न तक न था। यह भी एक अजीब घटना है। मिस्टर डे ने हँसते हुए सारे सवालों का जवाब दिया।

बोला, "सड़क पर खोयी लड़की को मैं अपने फ्लैट में छिपाकर रखूँगा, इसकी आपने कल्पना कैसे की? छिः-छिः!"

शुरू में विजय को भी संकोच हुआ था। मगर उसे जिस तरह की सूचना मिली है, उसकी खोज-खबर तो लेनी ही है। यही उसकी ड्यूटी है।

इसी तरह छोटी-छोटी बातों से एक बड़े रहस्य का भण्डाफोड़ होता है। ऐसा बहुत बार हो चुका है।

उस बार भी वही घटना घटी!

अन्ततः उस कमलाबाला दासी का पता चला। कमलाबाला दासी खुद तो नहीं मिली, पर उसका पता चल गया।

विजय सरकार के लिए वह एक अजीब ही अनुभव था। विजय के इनफॉर्मर तमाम कलकत्ते में बिखरे हैं। उन लोगों को हर सूचना के लिए थोड़ी-बहुत बख्शीश मिला करती है—कभी दस रुपये तो कभी पन्द्रह रुपये। ज्यादा गिड़गिड़ाता है तो बीस रुपये मिल जाते हैं। लेकिन बदले में वे लोग जो खबर पहुँचाते हैं, वह खबर बहुत ही कीमती हुआ करती है। यह नहीं कि कभी-कभी नमकहरामी न करते हों। सो वे करें उसमें विजय को आपत्ति नहीं है। उस तबके के आदमी कभी-कभार ऐसा करते ही हैं। उसके लिए उन्हें कभी सजा नहीं दी जाती है।

तब हाँ, बीच-बीच में विजय को उनका दुखड़ा भी सुनना पड़ता है। फिर कभी-कभी तकाजा भी करना पड़ता है। पुलिस की भाषा में इन्हें 'डेकॉय' कहा जाता है।

उसी किस्म के एक आदमी ने आकर सूचना दी, "कमलादासी का पता चल गया है, हुजूर।"

"कहाँ?"

"रसेल स्ट्रीट में।"

"नम्बर क्या है?"

"नम्बर मालूम नहीं है हुजूर, डेरा दिखा सकता हूँ।"

"डेरा है और डेरे का नम्बर नहीं?"

"नहीं, वह डेरा नहीं सड़क पर की एक दुकान है, फुटपाथ की दुकान।"

उसी आदमी ने पहले-पहल झगड़ू के बारे में बताया। दुकान का ब्यौरा सुनकर विजय वहाँ तलाशी लेने गया। उस वक्त रात को दो बज रहे होंगे। तमाम कलकत्ता नींद की बाँहों में ऊँघ रहा था। दरवाजे पर धक्के की आवाज सुनकर झगड़ू ने शुरू में सोचा, उसी के दल का कोई आदमी होगा। मगर दरवाजा खोलते ही, उसकी आँखें ज्यों ही पुलिस पर गयीं, वह सन्न-सा रह गया।

'सलाम हुजूर!''

कोई सलामी ठोके तो सलामी का जवाब देना नियम है, मगर पुलिस के पास उतना वक्त नहीं था। पुलिस के आदमी तुरन्त ही टार्च जलाकर जबर्दस्ती उसके कमरे के अन्दर चले गये। उसके बाद उसके घर की पूरी छान-बीन करने पर उन्हें बीयर की कुछ बोतलें और किसी औरत का एक जोड़ा सोने का झुमका मिला। खोयी हुई लड़की के बाप ने जैसा बयान दिया था, सोने के झुमके उसी तरह के थे।

विजय ने उसे डाँटते हुए पूछा था, ''झुमके का यह जोड़ा किसका है?''

''मालूम नहीं, हुजूर।''

''मालूम नहीं है कहने से काम नहीं चलेगा। बताओ, ये झुमके कहाँ से आये?''

उस समय झगड़ू की जबान जैसे सिल गयी थी। तब वह इस लाइन में नया-नया ही आया था। थोड़ा-बहुत डर भी गया था।

उसने चट से कहा, ''हुजूर, मेरी घरवाली का है।''

''घरवाली का? झूठ बोल रहे हो? तुम्हारी घरवाली कहाँ है?''

''हुजूर, गाँव पर।''

''घरवाली गाँव पर है और उसका गहना यहाँ तुम्हारे पास? तुम झूठ बोल रहे हो।''

यह कहकर विजय सरकार ने उसे कसकर एक तमाचा लगाया। उसके बाद झगड़ू और वैरागी दोनों को थाने में ले जाकर बन्द कर दिया था। उस समय वैरागी ने ही स्वीकार किया था कि उसने स्यालदह के मोड़ पर उस लकड़ी को लापता कर दिया था।

मामला अदालत में गया था। अदालत में भी उसने अफसर के सामने स्वीकार किया था कि लड़की को उसी ने लापता कर दिया था।

''तुमने उसे क्यों लापता कर दिया?''

वैरागी ने कहा, ''गहने के लालच में।''

''उसके बदन पर क्या-क्या गहना था?''

वैरागी ने कहा, ''कान के झुमके के अलावा कुछ भी नहीं था।''

''लड़की का नाम क्या है?''

''हुजूर, उसने अपना नाम कमला बताया था?''

"अब वह कहाँ है?"

वैरागी ने कहा, "हुजूर, मैंने उसे बेच दिया है?"

"कहाँ बेचा?"

"पंजाब में।"

"कितने रुपयों में बेचा था? जिसके पास बेचा था, उसका पता क्या है?"

"पाँच सौ रुपये में। उन लोगों का पता मुझे मालूम नहीं है।"

उस बार वैरागी सामन्त को दो साल के कारावास की सजा मिली थी। लेकिन असल में वैरागी ने लड़की को देखा तक नहीं था। लड़की को बेचने की बात तो दूर, उसके गहने तक को नहीं छुआ था। लेकिन उसे ही उस अपराध के कारण दो साल तक जेल की यातना भुगतनी पड़ी।

[पन्द्रह]

कहा जा सकता है कि जेल की सजा भुगतना ही वैरागी सामन्त की असली नौकरी थी। ब्लैक प्रिन्स ने जितनी बार अपराध किया है, वैरागी सामन्त को उतनी ही बार जेल की सजा भुगतनी पड़ी है।

मगर एक दिन ऐसा भी आता है जब आदमी जेल जाते-जाते थक जाता है। वैरागी सामन्त भी आखिर आदमी ही है। उसके भी शरीर में रक्त-मांस है, उसके अन्दर भी मन नामक एक वस्तु है। यही वजह है कि एक दिन ऐसा आया कि वह भी थकावट महसूस करने लगा। इसके अलावा ब्लैक प्रिन्स की जमात में तब बहुत-से नौजवान आ चुके थे। अभाव या स्वभाववश बहुत-से आदमी ब्लैक प्रिन्स की जमात में शामिल हो चुके थे। झगड़ू उस जमात का सरदार था। मगर जमात का असली लीडर ब्लैक प्रिन्स परदे की ओट में रहता था। वह ऐसे परदे की ओट में रहता था कि उसे पकड़ना हमारी सामर्थ्य के बाहर की चीज थी। पकड़ने का कहीं कोई सुराग रह जाये, वह ऐसा नहीं चाहता था। अगर कहीं कोई निशानी रह भी जाती तो वह उसे सावधानी से पोंछ देता था। उसके बाद समाज के ऊँचे तबके का आदमी बनकर ऐयाशी में डूब जाता था। हम अगर कोई सुराग पाकर उसके विलासिता से पूर्ण फ्लैट में जाते तो देखते वहाँ की अड्डेबाजी से हँसी-ठट्ठा, गपशप और ह्विस्की का दौर चल रहा है।

सुनते हैं, पोर्तुगीजों ने ही हिन्दुस्तान की जमीन पर पहले-पहल पैर रखे थे उसके बाद डचों ने और सबसे आखीर में अंग्रेजों ने। आज वे लोग सभी इस देश से विदा हो चुके हैं लेकिन हमारे देश की मिट्टी में उनके पैरों की धूल का स्पर्श सम्भवत: अब भी चारों तरफ फैला हुआ है। यही वजह है कि यहाँ ब्लैक प्रिन्स-जैसे लोग पैदा होते हैं। नहीं तो सुनीति-जैसी लड़की ब्लैक प्रिन्स के चंगुल में क्यों फँसती? जो औरतें इतनी धर्मपरायण होती हैं उन्हें क्यों घनघोर कष्ट सहना पड़ता है? छात्री के गले का हार चोरी चले जाने से उन्हें इतना दु:ख क्यों होता है?

उसी सुनीति की डबडबायी आँखों को देखने पर मुझे बड़ा ही आश्चर्य-सा लगता था।

सीढ़ियाँ उतरकर जब मैं ऑफिस जाने के लिए एकमंजिले की तरफ आने लगता, मुझे सुनीति का उतरा हुआ चेहरा दिखायी पड़ता। वह मेरे लिये खड़ी रहती।

मैं पूछता, ''क्या हुआ, मुझसे कुछ कहना चाहती हो?''

सुनीति कहती, ''वीथि के हार का कोई पता चला?''

सुनीति का चेहरा देखकर मैं अवाक् हो जाता था।

''कोशिश कर रहा हूँ, देखो क्या होता है। पुलिस छानबीन कर रही है।'' मैं कहता।

उसके बाद मैं खामोशी ओढ़ लेता था। वह भी वहाँ खड़ी नहीं रहती थी, अपने कमरे की ओर चली जाती थी।

मैं भाभीजी को बीच-बीच में सुनीति की बातें बताता था। भाभीजी कहतीं, ''सुनीति इतनी दु:खित है जैसे उसका ही हार खो गया हो।''

उसके बाद भाभीजी कहतीं, ''तुम अब इसके लिए चिन्ता मत करो, देवरजी, अब हार मिलनेवाला नहीं है। मैं भी अब उसके बारे में कुछ नहीं सोचूँगी।''

विजय मेरी उम्मीदों को जिलाये रखता था।

''तुम इतना निराश क्यों हो रहे हो?'' विजय कहता, ''अबकी मैं उसे छोड़ूँगा नहीं। मैंने खुफिया लगा दिया है, देखें, वह क्या करता है।''

विजय मेरी उम्मीदों को जिलाये रखता था।

''तुम इतना निराश क्यों हो रहे हो?'' विजय कहता, ''अबकी मैं उसे छोड़ूँगा नहीं। मैंने खुफिया लगा दिया है, देखें, वह क्या करता है।''

''खुफिया! तुम वैरागी सामन्त के बारे में कह रहे हो?''

विजय कहता, ''नहीं, मैं वैरागी सामन्त के बारे में नहीं कह रहा हूँ। मैंने वैरागी के पीछे भी खुफिया लगा दिया है। झगड़ू के पीछे भी। वैरागी तो कुछ भी नहीं है, अब उसकी उम्र ढल चुकी है, वह जेल नहीं जाना चाहता है। झगड़ू ही असली कल्प्रिट है। उसकी जमात में पचास आदमी हैं। अबकी मैं सभी को पकड़ूँगा। दिल्ली से मैंने स्पेशल परमिशन ले लिया है। ब्लैक प्रिन्स की पूरी केस-हिस्ट्री मैंने तैयार कर ली है।''

मगर मेरे ही मास्टर साहब ब्लैक प्रिन्स हैं या नहीं, मुझे इस पर सन्देह है, क्योंकि उनमें ऐसी दुर्बुद्धि भला आयेगी ही क्यों?'' मैं सोचता।

विजय कहता, ''तुम नये-नये पुलिस की नौकरी में आये हो, इसीलिए तुम्हें मालूम नहीं है कि आदमी का चरित्र कितना अद्भुत होता है। उतने

दिनों तक मैं अगर पुलिस-लाइन में नहीं रहता तो इसकी जानकारी मुझे भी हासिल नहीं होती। इसके अलावा आदमी का लोभ किस तरह की चीज होती है, इस लोभ के कारण आदमी कितना नीच हो सकता है, इसके इतने उदाहरण मेरे पास हैं कि क्या कहूँ। अगर मैं इस नौकरी में नहीं आता तो इसकी कल्पना करना भी मेरे लिये मुश्किल था।''

मैं कहता, ''भेंट हुई तो एक बार मास्टर साहब से कहूँगा : मास्टर साहब आपने यह क्या किया?''

विजय ने कहा, ''मगर यह कालीपद डे तुम्हारे मास्टर साहब हैं, इस बात का पता तुम्हें कैसे चला? यह ब्लैक प्रिन्स कोई दूसरा ही कालीपद डे भी तो हो सकता है। पहले से ही तुम इस तरह की धारणा क्यों बना रहे हो?''

कुछ देर तक चुप्पी साधे रहने के बाद वह फिर बोला, ''इसके अतिरिक्त मैंने खुफिया लगा ही दिया है। देखो, वह क्या खबरें लाता है! जिसको लगाया है वह बड़ा ही चतुर आदमी है।''

[सोलह]

खुफिया और कोई नहीं, वंशी है।

वंशी इस लाइन में बहुत दिनों से है। बड़े-बड़े घाघों को पकड़ने के कारण जब-जब मुझ-जैसे पुलिस अफसरों को सरकार ने पदक दिया है, सम्मानित किया है, पदोन्नति की है तो उसके पीछे वंशीलाल-जैसे आदमी हमेशा रहे हैं जिन्होंने हमारी सहायता की है। लेकिन बाहर के आदमी उनका नाम नहीं जान पाते हैं और जान सकेंगे भी नहीं। वे लोग हमेशा परदे की ओट में ही रहेंगे। परदे की ओट में रहने के लिए ही उनका जन्म हुआ है, अपने-आपको छिपाकर, छद्मनाम के घूमना-फिरना ही उनका काम है।

वैरागी सामन्त जिस दिन झगड़ू के घर पर गया था, उस दिन भी वंशीलाल उसके पीछे-पीछे चलकर उसकी गतिविधियों पर निगरानी रखता रहा था। उसके बाद दोनों में क्या-क्या बात हुई, वह सुन नहीं सका मगर वह वैरागी सामन्त के प्रति चौकस बना रहा।

शायद आधे घण्टे से कम अरसे में ही उनकी बातचीत का दौर समाप्त हो चुका था। वंशीलाल ने देखा, झगड़ू ने अपने झोंपड़े का दरवाजा बन्द कर दिया और वैरागी सामन्त धीरे-धीरे अपने घर की तरफ लौटने लगा।

वंशीलाल का काम निगरानी रखना है और अगर बातचीत का कोई टुकड़ा कानों में आये तो बड़े साहब को उसकी रिपोर्ट देनी है।

दूसरे दिन सुबह की ड्यूटी के पहले ही वंशीलाल साहब के पास आया।

विजय ने पूछा, ''कल क्या-क्या देखा?''

वंशी ने कहा, ''हुजूर, वैरागी थाने से निकलकर सीधे झगड़ू के रसेल स्ट्रीटवाले मकान पर गया था।''

''झगड़ू के घर के अन्दर गया था?''

''हाँ, हुजूर।''

''उस समय क्या वक्त हो रहा था?''

''रात के बारह बज रहे थे। उस समय रसेल स्ट्रीट की तमाम इमारतों की बत्तियाँ बुझ चुकी थीं। मुहल्ले में सन्नाटा रेंग रहा था।''

''उसके बाद तूने क्या किया?''

''उसके बाद मैं भी उसके पीछे-पीछे आया। वह अपने डेरे में चला गया।''

विजय ने कहा, ''अभी से ही झगड़ू पर तू कड़ी निगरानी रख। झगड़ू ही चोरों का सरदार है। असली बदमाश भी वही है।''

वंशीलाल ने कहा, ''अभी मैं उसके झोंपड़े में ही जा रहा हूँ।''

''झगड़ू तुझे पहचानता है?''

''नहीं हुजूर, वह मुझे पहचानता नहीं है।''

''फिर तो बहुत ही अच्छी बात है। जाकर देखना कि झगड़ू कहाँ-कहाँ जाता है, क्या-क्या करता है। अगर उसे पार्क स्ट्रीट में ब्लैक प्रिन्स के फ्लैट के अन्दर जाते देखना तो निगरानी रखना। माल मिल जायेगा तो तुझे बख्शीश में मोटी रकम मिलेगी।''

वंशीलाल ने कहा, ''यह बात मुझ पर छोड़ दीजिए, हुजूर।''

विजय ने कहा, ''यह ले, अभी इस रुपये को रख, बाद में और दूँगा।''

उसी दिन तीसरे पहर वैरागी सामन्त थाने में दुबारा आया। आकर बड़े बाबू को सलाम किया।

विजय ने पूछा, ''क्यों, कुछ पता चला?''

''नहीं हुजूर।''

''नहीं का मतलब? अगर हार नहीं मिला तो मैं तुझे फिर से जेल की हवा खिलाऊँगा।''

वैरागी ने कहा, ''मुझ पर हुजूर इतना जुल्म क्यों कर रहे हैं? क्या मैंने हार छीना है? मैंने तो इस कारोबार से नाता ही तोड़ लिया है। आपको तो सब-कुछ मालूम ही है, हुजूर।''

विजय ने कहा, ''मैं हुजूर-वुजूर नहीं समझता, मुझे हार वापस मिलना चाहिए। माना तूने हार नहीं लिया है, मगर तेरे दल के ही किसी आदमी ने उसे गायब किया है। हर हालत में हार मुझे मिल जाना चाहिए।

वैरागी ने कहा, ''मैं कोशिश कर ही रहा हूँ, हुजूर।''

''तूने क्या कोशिश की है, यही बता। हार किसने लिया है, पहले यही बात बता।''

''मैंने तो बताया ही कि खोज-पड़ताल कर रहा हूँ।''

''कल तू खोज-पड़ताल करने कहाँ-कहाँ गया था?''

''मैं, हुजूर, यहाँ से बड़ा बाजार गया। बड़ा बाजार से पगेयापट्टी, पगेयापट्टी से कड़ेया। रातभर मैं चक्कर काटता रहा हूँ। हार का कहीं अता-पता नहीं चला। आज भी जाऊँगा।''

विजय ने कहा, ''ठीक है, अब तू यहाँ से जा।''

विजय ने यह सब इन्तजाम पहले ही चुपके-चुपके कर लिया था। मुझसे भेंट होते ही वह कहता, ''तुम फिक्र मत करो, मैं अपना काम ठीक से किये जा रहा हूँ।''

मैं कहता, ''मगर देर होगी तो हार गुम हो जायेगा।''

विजय कहता, ''गुम तो हो ही चुका है। कोशिश करके देख रहा हूँ कि कोई पता लगता है या नहीं।''

उसके बाद मैंने उसके बारे में सोचना ही छोड़ दिया। विजय पर सारी जिम्मेदारी सौंपकर मैं चैन की साँस लेने लगा।

[सत्रह]

उस वक्त ब्लैक प्रिन्स के घर में जश्न मनाया जा रहा था। जो आदमी कभी भारतीय आदर्श का पालन करता हुआ ऊँचाई पर पहुँच चुका था, वही केंचुल बदलकर एक दिन घोर विलासी हो जायेगा, यह भी शायद ईश्वर की एक विचित्र लीला ही है।

केवल ब्लैक प्रिन्स ही नहीं हम सभी आदमी क्रमिक विकास के नियम से बँधे हैं। आज जो ईमानदार है कल वह चोर हो जाता है। आज जो रत्नाकर दस्यु है कल वही वाल्मीकि कवि हो जाता है। आज जो राजकुमार सिद्धार्थ है, कल वह ध्यानमग्न तथागत हो जाता है। यह क्रमिक विकास चूँकि अस्तित्व में है इसीलिए जीवन में इतना वैचित्र्य है, साहित्य इतना फल-फूल रहा है, शिल्प इतनी प्रतिष्ठा की दृष्टि से देखा जाता है। साहित्य और शिल्प मनुष्य की इन्हीं विचित्रताओं के कारण आज भी सृजन में रत हैं। इस क्रमिक विकास के रहने के कारण ही शिल्प से हमारा इतना गहरा रिश्ता है, साहित्य हमारे लिए प्राणों की सम्पदा है।

एक दिन ब्लैक प्रिन्स ने इस कलकत्ता शहर में आकर जब डेरा डाला, तब अंग्रेज जा चुके थे, देश को दो टुकड़ों में बँट गया था। पोर्तुगीज और फ्रांसीसी खेमा उठाने की तैयारी कर रहे थे। उनकी रिक्तता की पूर्ति के लिए तमाम दुनिया के भाग्यान्वेषी स्मगलर और जालसाजी करनेवालों के दल हमारे देश के बम्बई और कलकत्ता शहरों में आये। इन दोनों शहरों में उन दिनों बहुत-से नये-नये कारोबारों की नींव पड़ी। कारोबार नया होने पर ही उनमें मुनाफा ज्यादा था। भले आदमी के सीधे सरल कारोबार की बनिस्बत उनमें बहुत ज्यादा मुनाफा होता था। दूसरे-दूसरे कारोबार में अगर तीस प्रतिशत हैं तो इन नये-नये कारोबारों में दो सौ प्रतिशत। उस पर टैक्स देने का भी झमेला नहीं। इनकम टैक्स, सेल्स टैक्स या वेल्थ टैक्स की झंझटें नहीं। मसलन जाली पासपोर्ट का कारोबार। इस तरह के बहुत-से बड़े आदमी दिल्ली, बम्बई और कलकत्ते में हैं जो मौज लूटने के लिए लन्दन, अमेरिका, पेरिस और जर्मनी जाना चाहते हैं। उन्हें पासपोर्ट की जरूरत पड़ती है, विदेशी मुद्रा की जरूरत पड़ती है, बहुत-कुछ की जरूरत पड़ती है। मगर कानून का पालन करते हुए रिर्जव बैंक से

कागज-पत्र वगैरह लाने में बेहद झंझटों का सामना करना पड़ता है। अगर उन झमेलों में नहीं पड़ना चाहते हो तो सीधे हमारे पास चले आओ। हम तुम्हारी सारी समस्याओं का समाधान कर देंगे।

समस्या क्या सिर्फ पासपोर्ट की ही है? यहाँ के आदमियों को बहुत-सी समस्याओं का सामना करना पड़ता है। गरीब लोगों के सामने खाने और रहने की समस्या के अतिरिक्त कोई दूसरी समस्या नहीं है। इन दोनों समस्याओं का समाधान होते ही वे सुखी हो जाते हैं। मगर बड़े आदमियों की समस्याओं का कोई ओर-अन्त नहीं। उनके पास पैसा है परन्तु मौज मनाने के उपकरणों की कमी है। जगह भी उस लायक नहीं है। सीधे रास्ते से उन उपकरणों को पाने की कोशिश की जाये तो ढेरों झंझटों का मुकाबला करना पड़ता है। सबसे बड़ी बाधा तो पुलिस है। तुम आराम के साथ 'ब्लू फिल्म' देख सको, पुलिस के जुल्म के चलते इसका भी उपाय नहीं है। होटल के कमरों में कहीं यह सब मजा मिलता है? उसके अड्डों का पता रहे तो भय की कोई बात नहीं। निश्चिन्तता के साथ वहाँ चले जाओ, गाँठ से पैसे निकालकर बैठे-बैठे मौज करो और घर वापस चले आओ।

उसके बाद लड़कियों के बारे में समस्या है। कमलाबाला दासी-जैसी ही कितनी दासियाँ कलकत्ता शहर में खो जाती हैं, इसका हिसाब कौन रखता है? कौन जानता है कि कहाँ किस अँधेरे तलघर में उनकी क्या स्थिति है? कहाँ किन बस्तियों की झुग्गियों में उन्हें मोक्ष की प्राप्ति होती है, यह बात किसी समाचार-पत्र का सम्पादक भी नहीं जान पाता है।

उसके बाद है सोना। सोने की माँग क्या कम है? सोना ही दुनिया की सभ्यता का एकमात्र मानदण्ड है। ब्रिटिश राज्य में एक देश से दूसरे देश में बेरोक-टोक सोना आता-जाता था। मगर जब से देश स्वाधीन हुआ, यह अधिकार भी सीमित हो गया। अब वह चोर रास्ते का यात्री बन गया। सोने के आवागमन का सिलसिला तो जारी है, लेकिन यह अब सर्वसाधारण की आँखों की ओट में होता है। सर्वसाधारण की आँखों की ओट में रहकर सोना मुट्ठीभर आदमियों के मुनाफे का जरिया हो गया है। मुनाफे का जरिया होकर वह विलासिता से पूर्ण फ्लैटों में, मल्टी-स्टोरिड इमारतों में, बैंक के लॉकरों में, ब्लैक प्रिन्स की बोतलों में, लड़कियों के कारोबार में अपने-आपको छिपाने लगा है। कभी आदमी की सहूलियत के लिए ही सोने का आविष्कार हुआ था। मगर आज सोने की खरीद-बिक्री के लिए ही ब्लैक प्रिन्स-जैसे लोगों का आविष्कार होता है।

मिस्टर डे जब एकान्त में रहता तो बीच-बीच में उसे कॉस्टेलो की याद आती है। कॉस्टेलो ने ही उसे रास्ता बताया था। उसी के कारण आज मिस्टर डे इतना बड़ा आदमी है। आज उसे इतना आराम मिल रहा है, आज वह इतनी विलासिता का मालिक है। कॉस्टेलो ने ही उसे जासूसी उपन्यास पढ़ना सिखाया था। उसी ने कहा था : ''यह धर्म का नहीं, रुपये का युग है, ब्लैक प्रिन्स! हिन्दुस्तान के बादशाह, इजिप्ट की क्लियोपेट्रा और रोम का जूलियस भी अपने जीवन में जिस आराम और विलासिता को नहीं जी सके, पैसा रहने पर आधुनिक युग में तुम उससे भी अधिक आराम से रह सकोगे। उसी पैसे को जिससे तुम प्राप्त कर सको, वह रास्ता भी मैं तुम्हें बता दूँगा।''

ब्लैक प्रिन्स ने पूछा था, ''क्या है वह रास्ता?''

''मैं तुम्हें सिर्फ रास्ता ही नहीं बताऊँगा, उसकी खुराक का भी इन्तजाम कर दूँगा। तुम इण्डियन सिटिजेन हो, अब इण्डिया इण्डिपेण्डेण्ट हो चुका है, अब तुम इण्डिया लौट जाओ। तुम्हें कुछ भी नहीं करना है। हमारा आदमी कैलकटा में है, वह जैसा कहे, वैसा ही करना।''

''मगर मैं हिन्दुस्तान लौट सकूँ इसका खर्चा?''

कॉस्टेलो ने कहा था, ''उसके लिए तुम्हें नहीं सोचना है। पैसा हम देंगे। और न सिर्फ पैसा ही, बल्कि मेरा आदमी तुम्हें उपाय भी बतायेगा। वह जैसा कहेगा, तुम्हें वैसा ही करना है। अब मैं तुम्हें नया नाम दे रहा हूँ—ब्लैक प्रिन्स।''

और उसी दिन से गौतम बुद्ध तथागत रातो-रात राजकुमार सिद्धार्थ हो गया, महाकवि वाल्मीकि रत्नाकर दस्यु हो गया। क्रम-विवर्तन की धारा बीसवीं शताब्दी के युद्धोत्तर काल में पहुँचकर अपसंस्कृति के प्रभाव से विपरीत पथ पर प्रवाहित होने लगी।

एक दिन रात में मिस्टर डे का खास खानसामा महावीर उसके पास आया और उसने अनुरोध किया, ''हुजूर...''

मिस्टर डे उस समय ब्लैक प्रिन्स के नशे में चूर था।

थकी पलकों को उठाकर उसने कहा, ''क्या है?''

''आपने कहा था कि एक नये आदमी की जरूरत है। मैं ले आया हूँ। बड़ा ही सज्जन है।''

''कहाँ है?''

''यह रहा।''

इतना कहकर महावीर ने जिस आदमी को लाकर सामने खड़ा किया, ब्लैक प्रिन्स ने उसकी ओर देखा धुँधली, अधनिंदायी आँखों से जो कुछ दिखायी पड़ा, उससे वह आदमी उसे बुरा नहीं लगा।

''आदमी तेरा विश्वासी है न?''

''जी हाँ हुजूर, मेरे देश का आदमी है। बहुत ही काम का आदमी है।''

''शराब तो नहीं पीता है?''

''जी नहीं। शराब तो दूर की बात, किसी भी तरह के नशे का सेवन नहीं करता है। यहाँ तक कि बीड़ी भी नहीं पीता है। बहुत ईमानदार आदमी है।''

हुजूर ने कहा, ''हाँ, नशेड़ी-भँगेड़ी को कभी मेरे घर के अन्दर मत लाना। वैसा आदमी मुझे सुहाता नहीं है। और हाँ, ह्विस्की की बोतल का ढक्कन खोल सकता है या नहीं?''

''हाँ हुजूर, यह आदमी एक विलायती साहब के घर पर काम करता था। साहब विलायत चला गया, इसीलिए अब बेकारी का शिकार हो गया है। खाना तक नसीब नहीं हो रहा है।''

हुजूर ने पूछा, ''वेतन कितना लेगा?''

आदमी ने कहा, ''हुजूर, खाना-कपड़ा के अलावा आप जितना चाहें, दे सकते हैं।''

''ठीक है, नाम क्या है?''

''ठगनलाल। ठगनलाल कहार।''

हुजूर ने कहा, ''ठीक है, आज से ही उसे बहाल कर ले। तू तो कह रहा था न, कि तुझे एक महीने के लिए देश जाना है? उसे काम-काज समझा दे और तू देश हो आ।''

आश्चर्य है कि दो दिन के अन्दर ही ठगनलाल कहार साहब का चहेता खानसामा हो गया। ठगनलाल न हो तो साहब का मन सन्तुष्ट नहीं होता है। साहब जब तक दोस्त-मित्रों के साथ शराब का दौर चलाता रहता है, ठगनलाल दरवाजे की ओट से सब-कुछ देखता रहता है। कब किसका गिलास खाली होता है, यह देखना ठगनलाल की ड्यूटी है। वह तुरन्त खाली गिलास में ह्विस्की और सोडा डाल देता है। किसी को कुछ भी कहने की जरूरत नहीं पड़ती है, इसीलिए कोई किसी चीज की कमी महसूस नहीं करता है। सब-कुछ हाथ के पास रख देता है। ठगनलाल दो

ही दिनों के बीच साहब के जीवन की एक अनिवार्य वस्तु के रूप में परिणत हो गया।

किसी चीज की जरूरत होते ही साहब पुकारता है, "ठगनलाल ..."

ठगनलाल हर क्षण साहब की खिदमत में हाजिर रहता है। वह कहता, "हुजूर!"

साहब सोते-सोते पुकारता, "ठगनलाल, ऐ ठगनलाल!"

ठगनलाल आकर देखता, साहब नींद में खो गये हैं। ऐसा कहना भी जैसे एक नशा ही था। ठगनलाल को पुकारना भी साहब के नशे में शामिल हो गया था।

ठगनलाल का काम साहब के हाथ में मनीबैग ही थमाना नहीं है सिगरेट के डिब्बे से लेकर उन सारे सामानों को उनके पास लाकर देना है, जो उनके हाथ के पास नहीं हो। साहब के मन की बातों को जानना ही ठगनलाल की ड्यूटी है—साहब को किस चीज की जरूरत है, उसका पहले ही पता चला लेना उसका काम है। खानसामा तो उसी को कहते हैं जो इशारा करने के पहले ही समझ ले। जब वहाँ झगड़ू आता है, वैरागी सामन्त आता है, उस समय भी ठगनलाल वहाँ मँडराता रहता है। वे लोग साहब से क्या-क्या कह रहे हैं, साहब उनसे क्या-क्या पूछता है, ठगनलाल यह सब सुन भी ले तो कोई दोष नहीं, क्योंकि ठगनलाल नशे का सेवन नहीं करता है।ठगनलाल ईमानदार है।

विजय ने वंशीलाल से कहा था कि वह वहाँ कभी अपना असली नाम जाहिर न होने दे। ठगनलाल के नाम से ही वह वहाँ अपना परिचय दे।

जब रात गहरा जाती है और साहब नींद में खो जाते हैं तो ठगनलाल जानता है कि अब दो घण्टे तक उसकी पुकार नहीं होगी। तब वह बाहर निकलता है, फ्लैट के दसमंजिले से सीढ़ियाँ उतरकर नीचे आता है और फिर सड़क पर। पार्क स्ट्रीट में तब सन्नाटा रेंगता रहता है, फुटपाथ पर ही जिनका घर-द्वार है, वे सिकुड़कर किसी कोने में या पोर्टिको के बरामदे पर लेटे रहते हैं। उसके बाद वह कई गलियों का चक्कर काटता हुआ थाने में विजय सरकार के पास जाता है।

विजय सरकार ने यह आदेश दे रखा था कि चाहे जितनी भी रात क्यों न रहे, वंशीलाल अगर जरूरत महसूस करे तो उसे जगा सकता है। अगर कोई खबर हो तो विजय सरकार को उसकी सूचना पहुँचा जाये।

उस दिन भी वह आया। आवाज सुनते ही विजय उठकर बैठ गया।

"कौन है?"

"मैं वंशीलाल हूँ, हुजूर।"

विजय ने पूछा, "क्या खबर है? कुछ पता चला?"

वंशीलाल ने कहा, "जी हाँ।"

"क्या?"

वंशीलाल ने कहा, "झगड़ू कल भी आया था। आकर देन-लेन की बातें की। कलकत्ते के बड़ा बाजार में जिन-जिन चीजों की बटमारी हुई थी, साहब के पास जमा किया। साहब ने कीमत चुकायी।"

"साहब ने कितना रुपया दिया?"

"तीन सौ।"

विजय ने कहा, "और लड़की? वह लड़की कहाँ गयी? कुछ खबर मिली?"

वंशीलाल ने कहा, "साहब ने उसे राजस्थान चालान कर दिया है। जोधपुर से एक व्यापारी आया था, उसने साहब को तीन हजार रुपया दिया।"

विजय तीन दिनों से योजना बना रहा था। वंशीलाल लगभग हर रोज आता था और खबर पहुँचा जाता था।

विजय ने पूछा, "साहब किस वक्त घर से बाहर निकलता है? कब वापस आता है?"

वंशीलाल ने कहा, "लंच के पहले ही दस बजे दिन में निकलता है और शाम छह-सात बजे के बीच वापस आता है।"

"उस बीच तू हमें किसी दिन साहब के फ्लैट के अन्दर घुसा सकता है? लेकिन हाँ, किसी को मालूम नहीं होना चाहिए।"

"क्यों नहीं?"

विजय ने कहा, "साहब के फ्लैट में कोई ऐसी जगह है जहाँ हम दो-तीन आदमी छिपकर रह सकें?"

वंशीलाल ने कहा, "हाँ, है हुजूर, दो-तीन आदमी जिसमें छिप सकें, वैसी जगह का मैं इन्तजाम कर दूँगा। साहब के फ्लैट की बगल में एक स्टोर रूम है, वहीं आप लोगों को छिपा दूँगा। दोपहर में ही आप लोग वहाँ छिपकर बैठ जाइएगा। उस कमरे में मेरे सिवा कोई दूसरा आदमी नहीं जाता है।"

विजय ने पूछा, ''फिर हम कब चलें? बृहस्पतिवार को सुविधा होगी?''

''नहीं हुजूर, वह ड्राइडे है। उस दिन शाम के वक्त बहुत-से आदमी शराब पीने आते हैं।''

''ठीक है, फिर हम लोग कब चलें?''

वंशीलाल ने कहा, ''मौका देखकर एक दिन पहले ही आपको सूचना दे जाऊँगा।''

इतना कहकर वह वहाँ रुका नहीं। तब सुबह होने-होने को थी। साहब के नींद से जगने के पहले ही उसे वहाँ जाकर उपस्थित होना है।

वंशीलाल जिस तरह चुपचाप आया था, उसी तरह वापस चला गया। पार्क स्ट्रीट में ठगनलाल बनकर उसने वहाँ प्रवेश किया।

इस बात की सूचना विजय सरकार ने मुझे भी दी। विजय ने कहा, ''मेरे साथ तुम्हें भी स्पॉट पर चलना है।''

''मुझे उसमें क्यों घसीट रहे हो?'' मैंने कहा, ''यह तो तुम्हारे डिपार्टमेण्ट का मामला है।''

विजय ने कहा, ''फिर भी एक बार चलो, उससे मुझे भी मदद मिलेगी। अपना रिवॉल्वर अपने साथ ले लेना, मैं भी अपना साथ लेता जाऊँगा। ब्लैक प्रिन्स के बारे में बहुत-कुछ सुन चुका हूँ, प्रोटेक्शन की पूरी तैयारी करके ही वहाँ जाना चाहिए—इतना जरूर है कि मैं सर्च वारण्ट अपने साथ लेकर जाऊँगा।''

मुझे थोड़ी दुविधा हो रही थी।

विजय ने मुझे असमंजस में देखकर कहा, ''अरे इस तरह का कैरेक्टर देखना तुम्हारे लिये भी जरूरी है। तुम्हारा वह मास्टर साहब किस घटना-चक्र में फँसकर कैसे ब्लैक प्रिन्स बन गया, उसका रहस्य जानने की तुम्हें इच्छा नहीं होती क्या? हम आमतौर से बुरे आदमी के सुधरने की ही कहानी जानते हैं। जैसे, रामायण में है कि रत्नाकर दस्यु किस तरह ऋषि वाल्मीकि हो गया, राजपुत्र सिद्धार्थ किस तरह बुद्धदेव हो गया। चोर आगे चलकर साधु हो गया है, यह तो हम बहुत देख चुके हैं। मगर साधु चोर हो जाये वैसी घटना बहुत ही कम दीखती है। इसलिए चलो, चलकर इसे भी देख लो।''

मैंने कहा, ''मगर यही ब्लैक प्रिन्स अगर मेरे मास्टर साहब निकले तो वह मुझे मुँह कैसे दिखायेंगे और मैं ही उन्हें अपना मुँह कैसे दिखाऊँगा?''

विजय ने कहा, ''अगर उसे मुँह दिखाने में शर्म लगे तो बात ही अलग है। मगर मान लो, वह अगर लज्जित नहीं हुआ तो? क्या ऐसी हालत में भी तुम्हें शर्म लगेगी?''

मैंने कहा, ''फिर चलो, मेरे जाने से तुम्हें अगर सुविधा हो तो मैं चलने को तैयार हूँ। स्वार्थ तो मेरा ही है। हो सकता है, मेरी भतीजी का हार भी मिल जाये।''

विजय ने कहा, ''तुम्हारी भतीजी का हार अगर चोरी नहीं जाता तो यह मामला ही शायद यहाँ तक न बढ़ता।''

''दरअसल भतीजी के हार की उतनी चिन्ता नहीं थी, जितनी कि सुनीति के बारे में थी।''

''ओह, वह जो तुम्हारी भतीजी की मास्टरनी है?''

''हाँ, उसी के कारण हम ज्यादा परेशान हैं।''

''इतनी परेशानी क्यों है, यह बात मेरी समझ में नहीं आती है।''

मैंने कहा, ''क्योंकि वह गरीब बाप की लड़की है। मेरी भतीजी को पढ़ाती है और बदले में वह हमारे घर में रहकर अपनी लिखाई-पढ़ाई कर रही है, खाने-रहने के लिए उसे कुछ भी खर्च नहीं करना पड़ता है और उस पर तनख्वाह भी मिलती है। इसके अलावा यह भी तो कहा जा सकता है कि उसी के कारण ही मेरी भतीजी का हार खो गया। वह सोचती है, इस चोरी के लिए घूम-फिरकर वही जिम्मेदार है।''

विजय ने कहा, ''ठीक है, तुम उससे कह देना कि जैसे भी होगा, मैं हार खोज दूँगा या चोर को माल सहित पकड़वाकर ही छोड़ूँगा।

विजय से यह सूचना पाकर मैं जब घर लौटने लगा तो काफी देर हो चुकी थी। देखा, सभी खाना खाने बैठ चुके हैं। मैं भी जल्दी-जल्दी तैयार होकर सबके साथ खाना खाने बैठ गया। भैया भी वहीं थे।

भाभीजी ने पूछा, ''क्या हुआ देवरजी, आज भी तुमने इतनी देर लगा दी? लगता है, ऑफिस में काम बढ़ गया है।''

मैंने कहा, ''नहीं, आज मैं विजय के ऑफिस से आ रहा हूँ। अब असली कल्प्रिट पकड़ में आ जायेगा, लगता है अब हार मिल जायेगा।''

मेरी भतीजी वहीं बैठी हुई खाना खा रही थी। वह भी खुशियों से झूम उठी।

भाभीजी ने पूछा, ''सचमुच ही मिल जायेगा?''

भैया ने खाना खाते-खाते सिर ऊपर की ओर किया और कहा, ''किस चीज के बारे में बातें हो रही हैं? क्या मिल जायेगा?''

भाजीजी ने भैया को टोका, ''तुम चुप रहो, तुम्हें जिस चीज की याद नहीं रहती है, उसके बारे में बड़बड़ क्यों करते हो?''

उसके बाद मेरी ओर देखती हुई बोलीं, ''इतने दिनों के बाद हार का पता कैसे चला, देवरजी?''

मैंने भाभीजी से खोलकर बातें कहीं, उन्हें बताया कि पार्क स्ट्रीट के फ्लैट में कौन रहता है, कि लोग उसे ब्लैक प्रिन्स क्यों कहते हैं, कि उसका कारोबार क्या है, कि वह पहले क्या करता था। यह भी बताया कि जब मैं छोटा था, वे मुझे पढ़ाया करते थे और एक दिन अचानक लापता हो गये। मैंने कुछ कहना बाकी नहीं रखा।

उसके बाद मेरे मास्टर साहब के सम्बन्ध में बहुत देर तक बातें चलती रहीं। सभी छुटपन से सम्बन्धित बातें थीं। मास्टर साहब मुझे क्या-क्या उपदेश देते थे, वे उपदेश बाद में मेरे लिये कितने उपयोगी सिद्ध हुए, लेकिन फिर? वही आदमी क्यों इस तरह का हो गया।

भाभीजी ने कहा, ''यह वही आदमी है, इसका पता तुम्हें कैसे चला? यह कोई दूसरा आदमी भी तो हो सकता है।''

मैंने कहा, ''सारी बात विजय के पुलिस-केस-हिस्ट्री खाते में दर्ज है। उन बातों से मेरे मास्टर की सारी बातें मिलती-जुलती हैं।''

बात करते-करते खाने का दौर समाप्त हो चुका था, भैया और वीथि कब मेज से उठ चुके थे, हमें इसका ध्यान भी नहीं रहा। समझ नहीं सका कि कितनी रात बीत चुकी है। जब ध्यान आया तो घड़ी की ओर देखने पर पता चला कि रात के ग्यारह बज रहे हैं।

भाभीजी उठकर खड़ी हुईं और बोलीं, ''जाओ सुनीति, तुम यहाँ क्यों बैठी हो? जाकर-सो रहो।''

इसके बाद सुनीति उठकर चली गयी, भाभीजी भी उठकर अपने कमरे में चली गयीं। मैं भी अपने कमरे के अन्दर चला गया और बिस्तर पर अपने-आपको निढाल छोड़ दिया।

[अठारह]

तब भी मुझे मालूम नहीं था कि कल. कितना अधिक विस्मय मेरी प्रतीक्षा में खड़ा रहेगा। जीवन जीने के लिए है या जीवन के लिए ही आदमी जीता है या जीने-मरने के परे की एक अभूतपूर्व अनास्वादित पूर्व के लिए जीवन-धारण करना पड़ता है, यह बात आज भी मेरी समझ में नहीं आती है। सौ पैसे का एक रुपया होता है—यह जानना ही उपलब्धि नहीं है। परन्तु रुपये-पैसे से परे, सभी की दृष्टि-सीमा के बाहर, जीवन का एक जो दूसरा स्वतन्त्र अस्तित्व है, उसी को ही जानने का नाम सम्भवत: वास्तविक उपलब्धि है।

नहीं तो इसकी कल्पना मैंने उस घटना के एक क्षण पहले भी क्या कभी की थी कि उस दिन मुझे उतने बड़े सत्य के सामने खड़ा होना होगा?

अभिनय करना कितना कठिन होता है इसका अहसास मुझे पहले-पहल उसी दिन हुआ। अभिनय यदि यथार्थ का विकल्प है तो उससे महान् और कोई कला नहीं। लेखक भी लिखते हैं। लेकिन लेखन-कर्म कमरे के अन्दर, सर्वसाधारण की दृष्टि के परे, खिड़की-दरवाजा बन्द करके किया जाता है। कहा जा सकता है कि इसमें संकोच का कोई अवसर ही नहीं आता। उसके बनिस्बत और उसके ही क्या, सबके बनिस्बत आसान काम है राजनीति करना। क्योंकि उसमें, भीड़ के दरबार में तालियों की जो गड़गड़ाहट होती है और वोट के लोभ में जो वादे किये जाते हैं—उनकी सचाई की परीक्षा की आशंका नहीं रहती। और हम लोगों की पुलिस नौकरी? इसमें जीवन का खतरा रहने पर भी रोमाञ्च की जो उपलब्धि होती है, वह दूसरे पेशे में नहीं मिल सकती है।

पार्क स्ट्रीट में ब्लैक प्रिन्स के फ्लैट में दूसरे दिन जाने की बुलाहट आयेगी, इसकी मैंने कल्पना नहीं की थी। इसीलिए जब इसी आशय का विजय का टेलीफोन आया तो मैं अवाक् हो गया।

''आज ही जाना है?'' मैंने पूछा।

विजय ने कहा, ''हाँ, अभी तुरन्त चले आओ। थोड़ी देर पहले वंशीलाल खबर पहुँचा गया है।''

अतः अब देर नहीं कर सका। ऑफिस के तमाम कामों को छोड़-छाड़कर मैं सीधे विजय के दफ्तर पहुँचा। पहले से ही सारा बन्दोबस्त हो चुका था। पुलिस की गाड़ी के बदले हमने टैक्सी ली। उसके बाद हम कुछ मिनटों में ही ब्लैक प्रिन्स के फ्लैट में पहुँच गये।

जब हम फ्लैट के अन्दर पहुँचे तो उसकी सजावट देखकर जैसे भौंचक रह गये। विलास और ऐश्वर्य की ऐसी प्रचुरता भी हो सकती है। विजय पहले भी इस फ्लैट में आ चुका है। लेकिन तब आराम के इतने-इतने उपकरण वहाँ नहीं थे। समूचे फ्लैट का अन्दरूनी हिस्सा प्लास्टिक से ढँका हुआ है। प्लास्टिक की उस चादर की ही कीमत लाखों रुपये होगी। सब देखकर मैं सोचने लगा, हम लोग कहाँ चले आये! यह हिन्दुस्तान है या स्विट्जरलैण्ड?

वंशीलाल हमें चुपचाप अन्दर ले गया और पीछे के एक स्टोररूम में बिठा दिया।

विजय ने पूछा, ''फ्लैट में और कोई नौकर-चाकर नहीं हैं?''

वंशीलाल ने कहा, ''हैं, मगर मैंने चालाकी से उन्हें काम सौंपकर बाहर भेज दिया है। रात में वे काफी देर से लौटेंगे।''

''और तुम्हारा साहब?''

''साहब के लौटने में अभी दो-तीन घण्टे की देर है। कल सुबह के हवाई जहाज से साहब बैंकाक जानेवाला है। साहब सवेरे पाँच बजे घर से बाहर निकलेगा।''

''अगर कोई यहाँ अचानक आ जाये तो?''

वंशीलाल ने कहा, ''मैं फालतू आदमी को अन्दर ही नहीं आने दूँगा। कौन काम का आदमी है और कौन फालतू है, मैंने इन कई दिनों के दरमियान यह सब जान लिया है। इसके अलावा साहब चूँकि कल सवेरे पाँच बजे ही निकल जायेंगे, इसलिए आज कोई नहीं आयेगा।''

''झगड़ू हर रोज आता है?''

''हाँ, हर रोज। मगर वह रात बारह बजे के बाद आता है। रात बारह के बाद ही झगड़ू के साथ कभी-कभी और भी दो-चार आदमी आते हैं।''

''और वैरागी? वैरागी सामन्त?''

''वह भी कभी-कभी आता है। सभी के चले जाने के बाद वह सोने के एक हार के बारे में साहब को ताकीद करता रहता है?''

"तुम्हारा साहब क्या उत्तर देता है?"

"साहब उसे डाँटने लगता है। साहब कहता है, वह सभी को महीने-महीने खाने का खर्च क्यों देता है? काम करता है तो खाने का खर्च देता है, नहीं करता है तो भी देता है। उसके बाद साहब कहता है : तुम्हें पुलिस के बड़े बाबू के प्रति अगर इतनी ही ममता है तो उसी से खाने का खर्च लिया करो, फिर तुम मेरे पास क्यों आते हो? यह सब कहने पर वैरागी को चुप हो जाना पड़ता है। वह माथा झुकाकर यहाँ से चला जाता है।"

हम बहुत ही आहिस्ता-आहिस्ता बातचीत कर रहे थे ताकि उसकी भनक किसी भी बाहरी आदमी के कान में नहीं पहुँचे।

वंशीलाल ने कहा, "आप लोग कुछ खाइएगा, हुजूर? आप लोगों को इस कमरे में बहुत देर तक रहना है। अगर जरूरत समझें तो बताइए, मैं इस तख्त पर दो तकिये रख जाता हूँ, आप लोग लेट जाइए। मैं दरवाजे को खटखटाऊँ तो उठ जाइएगा। साहब घर आयेगा तो उसकी आवाज सुनकर आप लोगों को पता चल जायेगा। साहब जब तक घर पर रहता है, चिल्लाता रहता है, वह खामोश बैठकर रहनेवाला आदमी नहीं है।"

वंशीलाल ने हमें जिस कमरे के अन्दर लाकर रखा था, वह स्टोररूम ही है। भण्डार घर ही है, मगर नमक-तेल-मसाले का भण्डार घर नहीं, ह्विस्की और सोडे की बोतलों का भण्डार घर। इतनी-इतनी ह्विस्की और सोडे की बोतलें भी किसी के स्टोररूम में रह सकती हैं, बिना देखे इसकी कल्पना करना मुश्किल है। चारों तरफ आँख दौड़ाते हुए मुझे अपने मास्टर साहब के उस समय के कमरे की याद आ गयी। तब मास्टर साहब के पास एक ही कमरा था। सोने, बैठने, रसोई बनाने का आदि सारे काम वे उसी कमरे में करते थे।

मैं अकसर उनसे कहता था, "यहाँ इस तरह रहने में आपको तकलीफ नहीं होती है, मास्टर साहब?"

मास्टर साहब हँसते हुए कहते थे, "आदमी के लिए ज्यादा आराम ठीक नहीं होता है, उसमें आदमी अपनी आदमियत खो देता है..."

तब हममें हिम्मत नहीं थी कि मास्टर साहब की बातों का विरोध करें। वे जो कुछ कहते थे, मैं उस पर विश्वास कर लिया करता था।

मास्टर साहब का खादी का पहनावा, ब्रह्मचर्य-पालन और साधु प्रकृति मुझे प्रभावित तो जरूर करते, परन्तु मन-ही-मन मैं तकलीफ महसूस करता था। मास्टर साहब की कठोर साधना हालाँकि मेरे मन को तकलीफ पहुँचाती थी, लेकिन मास्टर साहब उस ओर ध्यान ही नहीं देते थे।

मास्टर साहब कहते थे, ''जहाँ आराम दीखता है, विलासिता दीखती है, समझ लो वहाँ धोखेबाजी है।''

मास्टर साहब और भी बातें बताते थे, ''यह जान लो कि आराम और विलासिता से जीवन को मुक्ति प्राप्त नहीं हो सकती है। आदमी के जीवन की सार्थकता भोग नहीं, त्याग है...''

मास्टर साहब के मुँह से इसी तरह की बहुत-सी बातें सुना करता था। मैं उनकी बातों को समझने की कोशिश करता था मगर उन दिनों मैं कच्ची उम्र का था और उनकी बातें मेरे दिमाग में समाती नहीं थीं। मैं बस इतना ही समझ पाता था कि उन्होंने ईश्वरचन्द्र विद्यासागर, स्वामी विवेकानन्द और महात्मा गाँधी-जैसे महापुरुषों के आदर्श को ही मनुष्य-जीवन के आदर्श के रूप में स्वीकारने का सिद्धान्त बना लिया है।

कच्ची उम्र में जो चीज अच्छी लगती है और उम्र बढ़ जाने पर जो चीज अच्छी लगती है—इन दोनों की अच्छाइयों में काफी अन्तर रहता है। ज्यादा उम्र में जो चीज अच्छी लगे, उस पर हमेशा विश्वास नहीं करना चाहिए। उसकी परीक्षा कर लेने के बाद ही उस पर विश्वास करना चाहिए। मगर कच्ची उम्र में जो चीज अच्छी लगती है, वही खालिस होती है। क्योंकि उसमें किसी तरह की खोट नहीं रहती है।

उन दिनों मास्टर साहब मुझे इसलिए अच्छे लगते थे कि उनमें किसी तरह की कोई खोट नहीं थी। आमतौर से उस उम्र में लड़के लिखाई-पढ़ाई के मामले में मन में एक तरह का डर पाले रहते हैं। मगर मुझमें वह डर नहीं था। न होने का कारण यही था कि मास्टर साहब ने उस डर को मेरे मन से दूर भगा दिया था।

याद है, मास्टर साहब ने एक दिन मुझसे कहा था, ''आदमी को जीने के लिए एक ही जीवन मिलता है, उस जीवन को लेकर व्यर्थ खिलवाड़ नहीं करना चाहिए। उस जीवन को बहुत ही यत्न, परिश्रम और निष्ठा से यथासम्भव सार्थक बनाना चाहिए...''

मैंने पूछा था, ''जीवन को किस तरह सार्थक बनाया जाये?''

मास्टर साहब ने कहा था, ''तो फिर सुनो, मैं अपनी बात बताता हूँ।''

यह कहकर उन्होंने एक दिन अपनी जिन्दगी की कहानी का एक अध्याय सुनाया था। मास्टर साहब के बचपन में ही उनके माता-पिता का देहान्त हो चुका था। कहा जा सकता है कि दूसरे के घर पर ही उनका लालन-पालन हुआ था। वे जिन लोगों के घर में रहते थे, वे बहुत बड़े

आदमी थे। गाँव के बड़े आदमी जिस किस्म के होते हैं, वे भी उसी तरह के थे। परिवार के सदस्यों के अतिरिक्त वहाँ कुछ ऐसे भी लोग थे जो उन्हीं के घर पर रहते थे, खाते थे और खर्राटे भरते रहते थे। बहुत ही लम्बा-चौड़ा चण्डीमण्डप था जहाँ वे सोते थे और खाना खाने के लिए अन्दर जाते थे। एक तो दूसरे के घर का मामला, उस पर माथे का भार। इसके अलावा उस समय उनकी उम्र बहुत ही कम थी। भूख लगती तो किसी से कह नहीं पाते थे। कहने से अगर डाँट पड़ने लगे तो! इसीलिए पेट की भूख को पेट के अन्दर ही दबाकर रखते थे।

एक दिन पढ़ते-पढ़ते थकावट के मारे कब नींद में खो गये, उन्हें याद ही नहीं रहा। जब आँखें खुलीं तो काफी रात हो चुकी थी। फड़फड़ाकर उठ बैठे। देखा, आस-पास जितने आदमी थे, सभी नींद में खोये हैं और खर्राटे भर रहे हैं। चैतन्य चाचा बगल में ही सोये हुए थे।

वे धीमी आवाज में उन्हें ही पुकारने लगे, "चैतन्य चाचा, ओ चैतन्य चाचा।"

चैतन्य चाचा खाने में जितने बहादुर हैं, सोने में भी उतने ही बहादुर।

कालीपद ने पुनः पुकारा, "चैतन्य चाचा, मुझे भूख लगी है, चैतन्य चाचा।"

मगर उतनी रात में कौन किसकी बात सुनता है! सभी दिनभर जीतोड़ मेहनत करते हैं। खेत-खलिहान में उन्हें बेहद परिश्रम करना पड़ता है। खटते-खटते उनकी साँसें अटकने लगती हैं। सवेरे घर की शक्ल देखने लायक थी। कोई पुआल काटता था, कोई गुहाल साफ करता था और कोई ढोरों को मैदान में चराने के लिए ले जाता था।

"तू कौन है जी?"

एक दिन सभी पंगत में खाने बैठे थे। बासी भात और बैंगन का भुर्त्ता। जल्दी-जल्दी खाना खाकर सभी अपने-अपने काम पर चले जायेंगे। बड़े मालिक आँगन से होकर कचहरी की तरफ जा रहे थे। उस वक्त उनकी निगाह कालीपद डे पर पड़ी। पूछा, "तू कौन है रे?"

बड़े मालिक सभी को पहचानते थे। बड़े ही दबंग आदमी थे। पक्के हिसाबी। एक रुपये का अगर बीस पाई ब्याज हो तो तिरासी रुपये का कितना ब्याज होगा—इसका हिसाब लगाने में उन्हें देर नहीं लगती थी। एक तो दो हजार बीघा जमीन के मालिक, उसके बाद साढ़े चार सौ बीघे के एक फार्म को इजारे पर लिये हुए थे। साथ-ही-साथ तिजारत भी करते

थे। बड़ा आदमी कहने से जो बात समझ में आती है, उनके साथ बिलकुल सही उतरती थी। हर पैसा उनके लिए छाती की पसली के जैसा था। कहीं कुछ बरबादी हो रही हो तो उनके बरदाश्त के बाहर की बात थी।

उनकी इस छोटी-सी बात से ही कालीपद का कलेजा डर से दहल उठा।

वह कुछ जवाब दे, इसके पहले ही बड़े मालिक ने दुबारा पूछा, ''क्यों, जवाब क्यों नहीं दे रहा है? तू किसका बेटा है? यहाँ खाना क्यों खा रहा है?

चैतन्य चाचा भी खाना खा रहे थे।

वे बोले, ''वह कालीपद है, बड़े मालिक। जात का कायस्थ है, नाम है कालीपद डे।''

''कालीपद! कालीपद डे! वह यहाँ खाना क्यों खा रहा है?''

चैतन्य चाचा ने कहा, ''वह इसी मकान में रहता है, मालिक। मँझली बहू उसे यहाँ ले आयी हैं। वह मँझली बहू के देश का रहनेवाला है।''

''मँझली बहू के देश का आदमी है!''

इस बात ने बड़े मालिक को हैरत में डाल दिया। बिना कहे-सुने किसी को घर पर ले आयी है!

यह बात सम्भवतः चैतन्य चाचा की समझ में आ गयी। इसीलिए उस बात को साफ-साफ समझाने के खयाल से कहा, ''मँझली बहू के मायके में उसका बाप मुहर्रिर का काम करता था। जब मुहर्रिर की मौत हो गयी तो मँझली बहू ने सोचा, बे माँ-बाप का नाबालिग लड़का कहाँ रहेगा, और यही सोचकर इसे यहाँ ले आयीं। अब इतना जरूर है मालिक, कि कालीपद लिखने-पढ़ने में बहुत तेज है, परीक्षा में वह अव्वल आया है।''

बड़े मालिक उस बात की जानकारी से ही गुस्से में आ गये थे, उसके बाद जब उन्होंने सुना कि वह परीक्षा में अव्वल आया है तो उनके क्रोध की मात्रा दुगुनी हो गयी। ''अव्वल आकर मुझे स्वर्ग में दीया दिखायेगा?'' उन्होंने कहा।

यह कहकर वे बाहर की ओर चले गये।

शाम के वक्त बड़े मालिक ने अपनी पत्नी को बुलवाया। गृहिणी के आते ही बोले, ''इस घर की मालकिन कौन है—तुम या तुम्हारी मँझली बहू?''

गृहिणी बोलीं, "क्यों? वह बात क्यों पूछ रहे हो?"

बड़े मालिक ने कहा, "अगर मालकिन तुम हो तो फिर मँझली बहू को अपने मायके के मुहर्रिर के लड़के को यहाँ लाने का अधिकार किसने दिया?"

गृहिणी बोलीं, "अरे मँझली बहू के मायके के मुहर्रिर का लड़का इस घर में रहता है! मुझे कुछ भी मालूम नहीं है।"

बड़े मालिक ने कहा, "तुम्हें कैसे मालूम होगा? तुम इस घर की कोई नहीं हो। तुम भी कोई नहीं हो और मैं भी इस घर का कोई नहीं हूँ। यह बात अभी से गाँठ में बाँध लो।"

इससे ज्यादा कहने का वक्त बड़े मालिक के पास नहीं है। इसीलिए इससे ज्यादा कुछ बोले बिना वे वहाँ से चले गये।

उसके बाद से कालीपद ने अपने-आपको समेट लिया। क्योंकि खुद को ओट में रखने में ही उसका कल्याण है। चैतन्य चाचा उसके मन की बात समझते थे। बीच-बीच में वे पूछ बैठते, "आज तू ने खाना खाया है या नहीं रे, कालीपद?"

वह कहता, "मैं खा चुका हूँ।"

"कब खाया? आज मैंने तुझे खाने की पंगत में नहीं देखा था?"

कालीपद कहता, "मैं आप लोगों से पहले ही खाना खा चुका हूँ। चाचा जी।"

"ओह, यह बात है।"

मामूली दो कौर भात खाने में जब उसकी इतनी फजीहत होती है तो न खाना ही बेहतर है। मगर भोजन चाहे जितनी ही साधारण चीज हो, जब भूख का प्रश्न खड़ा होता है तो वही साधरण चीज असाधारण के रूप में बदल जाती है। तब लगता है, दुनिया की एकमात्र आवश्यक वस्तु सम्भवतः भोजन ही है। उस वक्त एक अदद अमरूद या आँवला ही रसना के लिए अमृत बन जाता है। उस घटना के बाद से बड़े मालिक के घर के अन्दर खाना खाने के लिए जाने में उसे लज्जा और भय का अहसास होने लगा। कहीं बड़े मालिक की निगाह फिर उस पर न पड़ जाये।

कालीपद अब घर के अन्दर खाने नहीं जाता था, इस पर किसी ने ध्यान नहीं दिया। स्कूल जाने के रास्ते में वह किसी के पेड़ से दो अमरूद या दो आँवले तोड़कर खा लेता था या फिर उसका कोई दोस्त अगर उसे

एक कटोरा फरुही और थोड़ा-सा गुड़ दयाकर खाने को दे देता था तो वह वही खाकर रह लेता था।

इसी तरह उसने दो-चार दिन बिताये। मगर तीन दिनो की भूख की कुलबुलाहट से वह अपने पेट में अजीब ही तरह की बेचैनी महसूस करने लगा। एक ओर स्कूल की पढ़ाई और दूसरी ओर भूख की तीव्र ज्वाला—दोनों ने मिलकर जैसे लड़ाई छेड़ दी। उसके बाद कब वह नींद में खो गया, पता नहीं। जब उसकी आँखें खुलीं तो काफी रात हो चुकी थी। देखा, सभी आदमी एक कतार में सोये हुए हैं और खर्राटे भर रहे हैं। लगा, अगर अभी उसे खाना न मिला तो निश्चय ही वह मौत के मुँह में समा जायेगा।

उसकी बगल में ही चैतन्य चाचा गहरी नींद में खोये हुए थे। कालीपद पुकारने लगा, "चैतन्य चाचा, ओ चैतन्य चाचा!"

उसके बाद उसे खटका, वह चैतन्य चाचा को क्यों पुकार रहा है? चैतन्य चाचा के पास है ही क्या जो उसे खाने के लिए दे देंगे? इसके बाद तो चैतन्य चाचा को सारी बातें मालूम हो जायेंगी। फिर वे पूछ बैठेंगे : उसने खाना क्यों नहीं खाया है, क्यों वह बिना खाये ही खाना खाने का ढोंग रचता है?

अन्ततः उसने चैतन्य चाचा को पुकारना छोड़ दिया। बिस्तर छोड़कर आहिस्ता-आहिस्ता घर के बाहर आया। पूरे ग्राम में सन्नाटे का आलम है। चण्डीमण्डप के सामने एक विशाल घना केन्दु का पेड़ है। उसके ऊपर चाँद का टुकड़ा चमक रहा है। एकाएक उसे दुर्गा दीदी की याद आ गयी।

दुर्गा दीदी जब इस घर की बहू बनकर आने लगी थीं तो कालीपद रो पड़ा था। उसने दुर्गा दीदी से पूछा था कि वह कब वापस आ रही हैं।

दुर्गा दीदी ही तब कालीपद की एकमात्र शुभाकांक्षिणी मित्र थीं। दुर्गा दीदी के मायके में उसने जितने वर्ष व्यतीत किये हैं, वे सुख और आनन्द से भरे-पुरे थे। उसी दुर्गा दीदी का ब्याह दूर रसूलपुर गाँव में हो गया। दूल्हा आया, भोज-भात में बहुत-से आदमी शरीक हुए। बरातियों की चहल-पहल से पूरा मकान मुखरित हो उठा। रसूलपुर के बड़े मालिक दूल्हे को लेकर आये। रसूलपुर के बड़े मालिक को देखकर कालीपद उस दिन भी डर गया था।

मौका मिलने पर कालीपद एक बार दुर्गा दीदी के पास गया था। उस समय दुर्गा दीदी दुलहन के वेश में सजी हुई घर के एक कोने में चुपचाप बैठी थी।

दुर्गा दीदी ने कालीपद को देखकर पूछा, "क्या बात है? तुमने खाना खा लिया?"

कालीपद ने कहा, "हाँ।"

"पेट भरा?"

कालीपद ने उस बात का जवाब न देकर दूसरी ही बात छेड़ दी, "दुर्गा दीदी, तुम्हारे ससुर की तो बड़ी-बड़ी मूँछें हैं।"

दुर्गा दीदी ने कहा, "चुप रहो। यह बात नहीं कहनी चाहिए, कुछ भी हो, आखिर बड़े-बुजुर्ग ही हैं न।"

कालीपद ने कहा, "तुम्हारे ससुर तुम्हारे लिए बड़े-बुजुर्ग हो सकते हैं, मेरे लिये वे कौन हैं? तुम तो अपनी ससुराल चली जाओगी और मैं यहीं रहूँगा।"

दुर्गा दीदी ने कहा, "चाहे जो हो, बड़े-बुजुर्गों की निन्दा नहीं सुननी चाहिए।"

उस दिन बस इतनी ही बातें हुई थीं। उसके बाद कोई घर के अन्दर चला आया था और फिर विशेष बातें करने का मौका नहीं मिला था। दूसरे ही दिन दुर्गा दीदी बरातियों के साथ अपनी ससुराल चली गयीं।

उनके जाने के बाद ही कालीपद के जीवन में एक बहुत बड़ी दुर्घटना घटी। कई दिनों के बाद दुर्गा दीदी जब रसूलपुर से मायके आयीं तो कालीपद की इच्छा नहीं हुई कि उनसे भेंट करने जाये। मगर दुर्गा दीदी उसे भूल नहीं सकी थीं। खबर मिलने पर उसके पास बुलावा भेजा था। उस वक्त कालीपद बिना किनारी का कपड़ा पहने था।

दुर्गा दीदी के सामने जब वह खड़ा हुआ तो अपने-आपको संयत नहीं रख सका। पिता की मृत्यु के बाद कालीपद आँसुओं के जिस बाँध को रोके हुए था, दुर्गा दीदी को सामने पाते ही वह बाँध टूट गया। दुर्गा दीदी अपने आँचल से उसके आँसू पोंछने लगीं।

"मत रो, रोने से चाचाजी लौटकर नहीं आयेंगे। तेरे लिये चिन्ता की कौन-सी बात है, मैं तो हूँ ही।" दुर्गा दीदी ने कहा था।

"मैं तो हूँ ही", यही बात कालीपद के लिए काल साबित हुई। दुर्गा दीदी ने उस दिन क्यों कहा—"मैं तो हूँ ही?" मगर कालीपद को ही तब कहाँ मालूम था कि दुर्गा दीदी भी उसके पिता की ही तरह ज्यादा दिनों तक इस दुनिया में रुकनेवाली नहीं है! कालीपद एक अप्रसिद्ध गाँव के एक

गृहस्थ के घर के एक बिलकुल मामूली मुहर्रिर का लड़का था। बिना सोचे-समझे उस लड़के को इतना बड़ा आश्वासन दे देना उसी के हक में अच्छा नहीं हुआ, वरना उस दिन वह पितृविहीन बालक पिता की मृत्यु के बाद अपने अन्तर में उतनी आशाएँ तो न पालता और न ही ज्ब सारी आशाओं पर पानी फिर गया तो उस तरह निराश ही होता।

[उन्नीस]

मैं मास्टर साहब से कहानी सुनते-सुनते तल्लीनता में डूब जाता था। वे ज्यों ही चुप होते, मैं कहता, "उसके बाद? उसके बाद क्या हुआ मास्टर साहब?"

मास्टर साहब का जीवन विचित्रताओं से भरा था। एक मामूली गाँव के एक छोटे जमींदार के मुहर्रिर के वे लड़के थे और बचपन से ही दूसरे के माथे का बोझ बन गये। वे कहते, "जीने के लिए आदमी को एक ही जीवन मिलता है, उस जीवन से खिलवाड़ नहीं करना चाहिए। उस जीवन को घोर परिश्रम और निष्ठा से सार्थक बनाना चाहिए।"

मैं कहता, "उसके बाद क्या हुआ, यही बताइए। आपके पिताजी की जब मृत्यु हो गयी तो आपने क्या किया?"

मास्टर साहब कहते, "उसके बाद दुर्गा दीदी ने एक दिन आदमी भेजा और मुझे अपनी ससुराल में बुलवा लिया। कितना विशाल था वह मकान! उस मकान में अनगिनत आदमी रहते थे, मकान-मालिक के खेत-खलिहान का कोई अन्त नहीं था। उन अनगिनत लोगों के बीच मुझे भी ठौर मिल गया। मैं रसूलपुर में रहने लगा और दुर्गा दीदी मेरी पढ़ाई का खर्च चलाती रहीं।"

कहानी को बीच में ही रोककर मास्टर साहब कहते, "अब कहानी नहीं, लिखना-पढ़ना शुरू करो।"

मैं कहता, "नहीं मास्टर साहब, उसके बाद क्या हुआ, यही बताइए। आपकी नींद आधी रात में खुल गयी, आप भूख की कुलबुलाहट से बेचैनी महसूस करने लगे…उसके बाद?"

मास्टर साहब कहते, "उसके बाद? उसके बाद मुझे लगा, बिना खाये इस तरह कब तक चलेगा? सोचा, आत्म-सम्मान बड़ा है या जीवन? दुर्गा दीदी मुझे रसूलपुर ले आयी है। वह इस घर की मँझली बहू है। दुर्गा दीदी के पिताजी ने उस जमाने में दस हजार रुपये खर्च कर अपनी लड़की की शादी रसूलपुर के बड़े जमींदार के घर में की थी। रसूलपुर की जमींदारी कोई साधारण जमींदारी नहीं है और उस घर की बहू होना भी कोई

साधारण बात नहीं है। दुर्गा दीदी जब ससुराल जाने लगी तो उसकी बदन पर गहनों की चमक-दमक देखकर हम दंग रह गये थे।

तब मुझे मालूम नहीं था कि रसूलपुर की जमींदारी के बड़े मालिक जितने बड़े आदमी हैं, उतने दबंग भी। किसी को बताये बिना ससुराल में एक अनाथ लड़के को लाकर रखना, इतना बड़ा अपराध हो सकता है, यह बात न तो मैं जानता था और न ही दुर्गा दीदी।

यही वजह है कि उस दिन बड़े मालिक ने गृहिणी को बुलाकर कहा था, ''इस घर की मालकिन कौन है? तुम या मँझली बहू?''

गृहिणी ने अवाक् होकर कहा था, ''क्यों? इस तरह की बात क्यों कह रहे हो?''

बड़े मालिक ने कहा था, ''अगर मालकिन तुम हो तो फिर मँझली बहू को किसने अधिकार दिया कि वह अपने मायके के मुहर्रिर के लड़के को यहाँ लाकर रखे?''

''बाप रे, यह बात! मँझली बहू के मायके के मुहर्रिर का लड़का यहाँ है? कहाँ, मुझे कहाँ कुछ मालूम है?''

बड़े मालिक ने कहा था, ''तुम्हें पता चले तो कैसे? असल में तुम इस घर की कोई नहीं हो। न तो तुम हो और न मैं ही। यह बात आज से गाँठ में बाँधकर रख लो।''

इतना कहकर बड़े मालिक ने अपने कर्त्तव्य से छुटकारा पा लिया था। मगर मामला वहीं दबकर नहीं रह गया। जब मामला खत्म हुआ तो बहुत-कुछ हो चुका था। सास उस समय वहाँ एक क्षण भी रुकी नहीं। सीधे मँझली बहू के कमरे की तरफ गयी।

सास कमरे के अन्दर नहीं गयी। कमरे के दरवाजे के सामने खड़ी होकर पुकारा, ''मँझली बहू! ओ मँझली बहू।''

सास की पुकार सुनते ही मँझली बहू का माथा चकराने लगा। कमरे से बाहर आकर बोली, ''मुझे पुकार रही हैं, माँ?''

''हाँ। तुमने क्या सोच लिया है? क्या समझ लिया है?''

मँझली बहू जैसे आकाश से नीचे गिर पड़ी हो।

बोली, ''आप क्या कह रही हैं, मैं समझ नहीं पा रही हूँ!''

''समझोगी कैसे? समझोगी तो सास-ससुर के अधीन रहना पड़ेगा। बात अगर समझ में आ ही जायेगी तो ससुर के लोहू-पसीने की कमाई का

सदुपयोग क्यों करोगी? अच्छा यह तो बताओ, यह क्या तुम्हारे बाप की बनवायी हुई धर्मशाला है?''

मँझली बहू बोली, ''मेरे बाबूजी गरीब आदमी हैं, अपनी सामर्थ्य भर उन्होंने दिया है। आप लोग मुझे अपने घर की बहू बनाकर ले आये हैं, इसके लिए वे आपका एहसान मानते हैं।''

सास बोलीं, ''तुम्हारा बाप गरीब है और तुम्हारे ससुर अमीर—यही न! लगता है, इसीलिए तुमने लंगर खोल दिया है। शिशिर कहाँ है, यह तो बताओ।''

मँझली बहू ने कहा, ''वे सुनामगंज की हाट करने गये हैं। आज वहाँ हाट लगती है न।''

सास बोलीं, ''ठीक है, वह आ जाये तो उसी से पूछकर देखती हूँ, वह क्या कहता है! मैंने खुद गृहस्थी का सारा इन्तजाम किया, लड़के को पाला-पोसा, अब शायद देखने को मिलेगा कि वही लड़का पराया हो गया है।''

उस बीच बड़ा लड़का माँ की आवाज सुनकर वहाँ पहुँच चुका था।

उसने कहा, ''क्या बात है, माँ? तुम किससे क्या कह रही थीं?''

जेठ पर नजर पड़ते ही मँझली बहू चुपचाप कमरे के अन्दर चली गयी।

माँ बोली, ''देखो भैया, अगर हम दोनों बूढ़ा-बूढ़ी को इस तरह बेइज्जत करना है, तो तुम लोग हमें घर पर रख ही क्यों रहे हो? क्यों? इससे तो अच्छा यही है कि हमें काशी भेज दो, हम वहाँ शान्ति से रहेंगे, तुम लोग यहाँ क्या कर रहे हो, यह देखने का हमें मौका नहीं मिलेगा।''

''एक छोटी-सी घटना ने कैसे इतना विकराल रूप धारण कर लिया, यह बात मुझे भी मालूम नहीं थी। लगता है, मेरे जीवन के लिए इस घटना की जरूरत थी, वरना मेरी समझ में यह बात आती ही नहीं कि पैसा किसे कहते हैं, किसे पैसे का अभिशाप कहा जाता है। जब मुझे इस बात की जानकारी हुई तब काफी देर हो चुकी थी। एक तरह से सब-कुछ समाप्त हो चुका था।''

उन दिनों चैतन्य चाचा ही एक ऐसा व्यक्ति था जो कालीपद का शुभैषी था। चैतन्य चाचा ही दुर्गा दीदी की बात पर उसे रसूलपुर ले आया था।

चैतन्य चाचा ने कहा था, ''मँझली बहू ने मुझसे कहा है कि तुम्हें लेता आऊँ। तुम वहीं रहकर स्कूल में पढ़ोगे, तुम्हारे लिये चिन्ता की कोई बात नहीं।''

कालीपद ने कहा था, ''दुर्गा दीदी अब तक मुझे भूली नहीं हैं?''

चैतन्य चाचा ने कहा था, ''भूल जातीं तो मुझे रसूलपुर से यहाँ क्यों भेजतीं?''

रसूलपुर आने के बाद दुर्गा दीदी से कभी मुलाकात नहीं हुई। कोई बाहरी आदमी घर की बहुओं से मिल सके, वैसा नियम नहीं था। दुर्गा दीदी जब से रसूलपुर के जमींदार की बहू बनकर वहाँ आयीं, उसके बाद किसी बाहरी आदमी को उसका चेहरा देखने का मौका नहीं मिला।

दुर्गा दीदी की नौकरानी चैतन्य चाचा के पास आकर खबर पूछ जाती थी। वह पूछती कि कालीपद की लिखाई-पढ़ाई किस तरह चल रही है, उसे कोई असुविधा होती है या नहीं।

चैतन्य चाचा कहते, ''जानते हो, आज मँझली बहू ने तुम्हारे बारे में पूछताछ की थी।''

''आपने क्या कहा?''

''मैंने बता दिया कि तुम अच्छी तरह से हो। इस बार तुग परीक्षा में जो अव्वल आये हो, इसकी भी सूचना दे दी।''

''दुर्गा दीदी और क्या-क्या पूछ रही थी?''

''यह कि तुम्हें कुछ असुविधा तो नहीं होती है।''

''आपने क्या कहा?''

''मैंने खबर भेज दी कि कुछ भी असुविधा नहीं हो रही है। मैं जब तक हूँ, कालीपद को कुछ भी असुविधा नहीं होगी। मैं कालीपद की सुविधा-असुविधा का ध्यान रखे रहता हूँ।''

जब तक वह रसूलपुर में था दुर्गा दीदी से कभी भेंट-मुलाकात नहीं हुई मगर एक प्रत्यक्ष सम्बन्ध सूत्र हमेशा बना रहता था। मगर ईश्वर को शायद मंजूर नहीं था कि यह सम्बन्ध-सूत्र कायम रहे, या उसे इतना स्नेह मिलता रहे।

''इसीलिए चैतन्य चाचा जब कहते कि तुम कई दिनों से कुछ भी नहीं खा रहे हो, तुम्हें क्या हुआ है, तो मैं उनसे कहता कि मैंने खाना खा लिया है।

''चैतन्य चाचा जमींदार के दफ्तर के काम में इतना व्यस्त रहते थे कि उन्हें हमेशा यह देखने का मौका नहीं मिलता था कि मैंने खाना खाया है या नहीं। मगर मेरा मन कहता था, यह अपराध है। घर के बड़े मालिक की

अनुमति के बिना मुझे अपनी ससुराल में रखना दुर्गा दीदी के लिए अपराध है। वे कुछ दिन कितनी तकलीफ के दौर से गुजरे थे, इसकी तुम लोग कल्पना भी नहीं कर सकते। तुम लोग माँ-बाप के लाड़-दुलार के बीच पालित-पोषित हो रहे हो, भोजन कहाँ से आता है, कहाँ से स्कूल की फीस के पैसे आते हैं, इन बातों पर सोचने की जिम्मेदारी तुम्हारे ऊपर नहीं है। मगर मेरी बात ही अलग थी। मैं पराये के सिर का बोझ बनकर जी रहा था, पराये की मोह-ममता के बल पल रहा था। एक तरह से बचपन में मुझे भीख पर ही निर्भर रहना पड़ा है।

''उस दिन जब भूख की कुलबुलाहट से मेरी नींद उलट गयी तो मैंने चैतन्य चाचा को एक-दो बार पुकारा। मगर चैतन्य चाचा को दिनभर भैंसे की तरह खटना पड़ता था, इसलिए रात में उन्हें होश नहीं रहता था। यही कारण है कि मेरे पुकारने पर उन्होंने कोई उत्तर नहीं दिया।

मगर मैं उस समय क्या खाऊँ? भूख के लिए मैं किससे कहने जाऊँ?

मेरी समझ में कुछ भी नहीं आ रहा था। चण्डीमण्डप के पीछे बेल का एक दरख्त था। सोचा, वहाँ जाने से हो सकता है, एकाध बेल जमीन पर गिरा हुआ मिल जाये। चण्डीमण्डप से उतरकर मैं रास्ते पर आया। घर के जाने का रास्ता यहीं से है। चारों तरफ अँधेरा बिछा था। फिर भी रात का चूँकि आखिरी पहर था इसलिए अँधेरा बहुत-कुछ हल्का हो गया था। सोचा था, सभी की निगाहों से बचता हुआ अन्दर चला जाऊँगा। बाहरी मकान के पूरब में एक तालाब है। रास्ता उसी तालाब के किनारे से होकर घर के भीतर की ओर जाता है। थोड़ी दूर गया हूँगा कि एकाएक लगा, घर के भीतरी भाग में कुछ लोग जगे हुए हैं। उनकी बातचीत के टुकड़े कानों में आने लगे। सोचा, रात के आखिरी पहर में कौन बातचीत कर रहे हैं और उनकी बातचीत का मुद्दा क्या है! मुझे डर लगने लगा। अगर कोई मुझे इस हालत में देख ले!

मैं आगे जाना चाहता था, पर पीछे की तरफ लौट आया। उस बात के रहस्य को जानने के खयाल से मैं तालाब के दूसरे किनारे पर जाकर खड़ा हो गया। वहाँ रहूँगा तो मुझ पर किसी की भी निगाह नहीं पड़ेगी। मगर तब मुझे एक भी शब्द सुनायी नहीं पड़ा। मैं वहाँ बहुत देर तक खड़ा रहा। देखा, आकाश का पूरबी हिस्सा तनिक साफ हो गया है। मगर वहाँ कब तक खड़ा रहूँ? कब तक इस तरह इन्तजार करता रहूँ? मुझे लगा, कुछ आदमी इसी ओर आ रहे हैं।

मैं ज्यों ही घुमावदार रास्ते से चण्डीमण्डप के पास आया, वहाँ लोगों की एक बहुत बड़ी भीड़ देखी। जो लोग अन्दर सोते हैं, सब-के-सब जाग गये हैं।

मुझे बड़ा ही अचम्भा लगा। इतनी भोर में, जबकि रात भी ठीक से समाप्त नहीं हुई है, सभी बिस्तर छोड़कर क्यों उठ गये हैं? ऐसा तो कभी होता नहीं था।

मुझ पर नजर पड़ते ही चैतन्य चाचा आगे बढ़ आये। उनके चेहरे पर गम्भीरता की छाप थी।

चैतन्य चाचा ज्यों ही सामने आये, मैंने पूछा, ''क्या बात है, चैतन्य चाचा, इतनी भोर में आप लोग क्यों जग गये हैं?''

उस बात का उत्तर दिये बिना चैतन्य चाचा ने कहा, ''अब तक तुम कहाँ थे?''

''मुझे नींद नहीं आ रही थी।'' मैंने बताया।

चैतन्य चाचा ने कहा, ''तुम्हें कुछ पता चला?''

मैंने अवाक् होकर कहा, ''क्यों? क्या हुआ? मुझे किस बात का पता चलेगा?''

चैतन्य चाचा ने कहा, ''मँझली बहू ने अपने गले में फन्दा लटका लिया है।''

यह बात सुनते ही मुझे ऐसा महसूस हुआ कि मेरे पैरों के तले से जमीन खिसक गयी है। स्वार्थी आदमी की तरह जो बात पहले-पहल मेरे ध्यान में आयी, वह यह कि अब मैं बिलकुल निराश्रय हो गया। दुर्गा दीदी क्यों गले में फन्दा लगाकर मौत के मुँह में समा गयी, उसे कौन-सा दुःख था, यह सब मुझे याद नहीं आया। याद आयी तो सिर्फ अपनी ही बात। मैं तब उतना स्वार्थी था।''

[बीस]

यह सब एक जमाने पहले की बात है। मास्टर साहब पढ़ाते-पढ़ाते मुझे यह सब सुनाया करते थे। एक तरह से वे दूसरे की दया पर पले-बढ़े हैं। मास्टर साहब को अपने तमाम अनुभवों से यह बात समझ में आयी थी कि जीवन में अर्थ कोई मूल्य नहीं है। रसूलपुर के जमींदार के पास पैसा या ऐश्वर्य की कोई कमी नहीं थी। फिर वहाँ की मँझली बहू को इस तरह की दुर्बुद्धि ने अपना शिकार क्यों बनाया? उसे किस बात का दु:ख था?

आज इतने दिनों के बाद उसी मास्टर साहब के घर में छिपकर मैं सोच रहा था, उसी आदमी का जीवनभर का अनुभवलब्ध दर्शन क्यों इस तरह बदल गया? पोर्तुगीज जहाज के कैप्टन कॉस्टेलो साहब के कारण?

लेकिन वैसा क्यों होगा? कीमती ह्विस्की पिलाकर क्या मास्टर साहब-जैसे आदमी के मन को, मास्टर साहब-जैसे आदमी के जीवन-दर्शन को इस तरह बदला जा सकता है?

हो सकता है, इस युग का—टेकनॉलॉजी के युग का—यही अभिशाप हो। वरना जो लोग आदर्श की खातिर एक दिन सब-कुछ त्यागकर संन्यासी हो गये थे, युग के बदलते ही वे घोर विलासी क्यों हो गये? इसके लिए क्या टेकनॉलॉजी—कलपुर्जे—जिम्मेदार हैं? पता नहीं, सचाई क्या है!

हम कॉलेज में राधाकुमुद मुखर्जी की पुस्तक पढ़ चुके हैं। समाजशास्त्र के इतने बड़े विद्वान् दुनिया में हैं ही कितने! उन्होंने ही कहा है—जीवन जब एक ही है तो उसकी समस्या का समाधान भी एक ही होना चाहिए। कितने ही विद्वानों ने उसके समाधान की खोज की है। कोई कहता है, विज्ञान से ही आदमी को मुक्ति मिल सकती है और कोई कहता है, अध्यात्म शक्ति से ही आदमी को मुक्ति मिलेगी।

मास्टर साहब ने ही पढ़ाते वक्त मुझसे कहा था, "देखो, प्लेटो से शुरू कर मध्ययुग तक सभी यही कहते थे—मनुष्य की मुक्ति का एक ही पथ है और वह है अध्यात्मवाद। लेकिन १९१४ ई० के प्रथम विश्व-युद्ध से ही स्पेशलाइजेशन की चर्चा छिड़ गयी। उसी समय से एक-एक आदमी एक-एक चीज का विशेषज्ञ होने लगा। नाना प्रकार के मत चल पड़े, नाना

प्रकार के पन्थ। लेकिन हमारे देश के राधाकुमुद बाबू ने ही पहले-पहल कहा : ज्ञान के पथ का इस तरह विभाजन करना ठीक नहीं। जिस तरह जीवन एक है उसी तरह उसका समाधान भी एक ही तरीके से होना चाहिए चाहे उस जीवन की समस्या हजारों की संख्या में क्यों न हो।''

इतना कुछ जानने-सुनने के बावजूद मास्टर साहब की ऐसी परिणति क्यों हुई? सब-कुछ जानते रहने पर भी मास्टर साहब ने कुछ न जानने-जैसा काम क्यों किया?

फिर क्या इसके पीछे कोई दूसरा ही कारण है? अगर है, तो वह कारण क्या है?

एक दिन की एक छोटी-सी घटना मुझे अब तक याद है। कह सकते हैं कि इस परिवेश में मुझे उस घटना के एक नये अर्थ का पता चला।

घटना यों बिलकुल मामूली ही है। लेकिन अलग-अलग परिप्रेक्ष्य में अत्यन्त तुच्छ घटना भी अलग-अलग व्याख्या लेकर उपस्थित होती है। यह घटना भी उसी कोटि की है।

याद है, उस दिन रविवार था। रविवार को मास्टर साहब मुझे पढ़ाने नहीं आते थे। मगर उस रविवार को क्लास में दिया गया सबक हल करना अनिवार्य हो उठा था। इसीलिए सोचा, मास्टर साहब के पास जाकर उस पाठ-विशेष को समझ आऊँ।

तब कुल मिलाकर शाम हो चुकी थी। मास्टर साहब जिस मकान में रहते थे, उसकी बगल की दो फीट तंग गली से काफी अन्दर जाने के बाद उनके कमरे के अन्दर जाया जा सकता था। वह बड़ा ही एकान्त स्थान था। मास्टर साहब-जैसे आदमी के लिए बहुत ही आदर्श और शान्त परिवेश। बाहर के रास्ते का किसी भी तरह का शोर-गुल, हो-हल्ला वहाँ नहीं पहुँचता था।

घर के सामने, गली के मुहाने पर जाते ही देखा, एक गाड़ी खड़ी है। गाड़ी काफी कीमती थी और उसके अन्दर ड्राइवर बैठा हुआ था।

सोचने लगा, मास्टर साहब के पास गाड़ी लेकर कौन आ सकता है। मन में थोड़ी-बहुत उत्सुकता लिये गली के अन्दर जाकर जब मास्टर साहब के कमरे के पास पहुँचा, उस कमरे में जनाना आवाज सुनकर मैं ठिठककर खड़ा हो गया। मास्टर साहब के कमरे के भीतर से जनाना आवाज क्यों आ रही है? उनके कमरे में मैंने कभी किसी औरत को जाते नहीं देखा था।

फिर क्या देश से मास्टर साहब की माँ यहाँ आयी हैं? लेकिन अगर वह माँ हैं तो फिर यह गाड़ी किसकी हो सकती है? मास्टर साहब की माँ क्या गाड़ी से आयी हैं? बिना किसी संकोच के मैं उस ओर थोड़ा और आगे बढ़ गया।

सहसा मेरे कानों में एक औरत की आवाज आयी, ''अपने त्याग की बात रहने दो। इन अध्यात्मवाद की बातों को गोली मारो। यह सब बात किताबों में लिखी रहती है, यह सब बात किताबों में ही पढ़ने में अच्छी लगती है। जीवन के लिए इन बातों की कोई कीमत नहीं हुआ करती।''

उत्तर में मास्टर साहब के गले की आवाज सुनायी पड़ी, ''नहीं लीला, ऐसी बातें मन कहो। तुम अक्लमन्द हो, मैं इतने दिनों से तुम्हें पढ़ाते आ रहा हूँ। तुम्हारे मुँह से ऐसी बातें शोभा नहीं देतीं। मैंने अपने छुटपन की दुर्गा दीदी की बातें तुम्हें बतायी हैं। उतने बड़े आदमी की बहू गले में फन्दा लगाकर क्यों मर गयी थी, यह बात भी तुम्हें बता चुका हूँ। अपनी पूरी जिन्दगी की बात तुम्हें बता चुका हूँ। मैंने अपनी जिन्दगी में देखा है, पैसा ही सब-कुछ नहीं होता। इतना कुछ सुनने के बाद् भी तुम यह बात कह रही हो? फिर मैं यही समझूँगा कि मेरी सारी शिक्षा व्यर्थ है। समझूँगा कि इतने दिनों तक महापुरुष जो कुछ लिख गये हैं, सब-का-सब असत्य है।''

जनाना गले की आवाज आयी, ''अपने महापुरुषों की वाणी अपने पास ही रखे रहो। महापुरुष कब गृहस्थ रहे हैं? उन्होंने चूँकि दुनियादारी नहीं की थी, इसलिए वे पैसे का मर्म समझ नहीं सके। महापुरुषों को भले ही पैसे की जरूरत न हो, मगर मुझे है। और अगर पैसे की चाह न करूँ तो फिर बी० ए० की परीक्षा मैंने फर्स्ट क्लास में क्यों पास की? संन्यासी होने के लिए लिखना-पढ़ना कोई जरूरी नहीं है।''

मास्टर साहब के गले की आवाज आयी, ''तुम यही कहना चाहती हो कि पैसा कमाने के लिए ही आदमी लिखता-पढ़ता है? पैसा कमाने के लिए ही आदमी बी० ए०, एम० ए० पास करता है?''

जनाना गले की आवाज आयी, ''अगर पैसा कमाना नहीं चाहता है तो फिर क्यों पढ़ता है?''

मास्टर साहब ने कहा, ''अगर तुम ऐसा ही सोचती हो तो फिर मेरे पास क्यों आती हो?''

जनाना गले की आवाज सुनायी पड़ी, ''मैं तुम्हारी भलाई के लिए...''

"अपना भला-बुरा मैं खुद समझता हूँ।"

"अगर तुममें इसकी समझ होती तो ढाई सौ रुपये की यह स्कूल मास्टरी करने में तुम्हें शर्म महसूस होती। तुम्हारे इस घर में मुझे अगर बहू बनकर आना पड़े तो इससे बेहतर है कि मैं मर जाऊँ। मैं तुम्हारे सामने ही कह रही हूँ, आज से तुमसे मेरा कोई रिश्ता नहीं रहा। मैं चल रही हूँ।"

यह कहकर महिला सम्भवतः जानेवाली ही थी, मगर पीछे से मास्टर साहब ने पुकारा, "सुनो लीला, मत जाओ, सुनो।"

महिला जाते-जाते रुक गयी।

"कहो, क्या कहना है?" उसने कहा।

मास्टर साहब के गले की आवाज कानों में आयी, "फिर क्या तुम्हारे विचार में चरित्र की तुलना में पैसे की ही ज्यादा कीमत है? आदमियत के वनिस्बत..."

महिला ने टोका, "तुम्हारे-जैसे ढाई सौ रुपये के मास्टर के मुँह से 'चरित्र', 'आदमियत' जैसे बड़े-बड़े शब्द शोभा नहीं पाते हैं। अब से मेरे सामने इन शब्दों का उच्चारण मत करना।"

उस दिन गली के मुहाने पर खड़े होकर, छिपकर मैं सारी बातें सुन रहा था और सुनते-सुनते विस्मय, भय और संकोच से थरथर काँप रहा था।

अचानक किसी महिला को अपनी बगल से जाते देखकर मेरे ध्यान में आया कि छिपकर उन लोगों की बातें सुनकर मैंने अपराध किया है। मगर तब कोई उपाय नहीं था। महिला मेरी बगल से होती हुई गाड़ी के अन्दर बैठ गयी और गाड़ी उसी क्षण रवाना हो गयी।

मैं वहां कुछ देर तक हतप्रभ-जैसा खड़ा रहा। क्या करूँ, समझ में नहीं आया। उसके बाद मन में भय लिये आहिस्ता-आहिस्ता मास्टर साहब के कमरे की ओर बढ़ गया। सोचा, पता नहीं, जाकर क्या देखूँगा। कमरे के अन्दर जाते ही देखा, मास्टर साहब अपनी हथेलियों में मुँह छिपाये रो रहे हैं। मैं वहाँ कुछ देर तक चुपचाप खड़ा रहा। उसके बाद भात जलने की गन्ध नाक में आते ही देखा, स्टोव पर देगची में भात खदक रहा है।

मैं अब चुप नहीं रह सका। चिल्लाकर कहा, "मास्टर साहब, आपका भात जल रहा है।"

मास्टर साहब ने सिर उठाकर मुझे देखा और सन्न रह गये।

बोले, "क्या बात है? तुम? तुम कब आये? बात क्या है? इस वक्त आने का कारण?"

मैंने कहा, ''आपका भात जल रहा है, मास्टर साहब।''

उस समय मास्टर साहब का ध्यान उस ओर था ही नहीं। चेहरे पर निर्विकार स्वाभाविकता तैर रही थी। आहिस्ता से वे स्टोव के पास गये और उसकी चाबी खोल दी। स्टोव की आग उसी क्षण बुझ गयी। उसके बाद स्टोव से देगची को उतारकर कमरे के एक किनारे रख दिया।

मैंने कहा, ''भात तो जल चुका है, मास्टर साहब, आप क्या खाइएगा?''

मास्टर साहब ने अपने चेहरे पर मुस्कराहट लाने की व्यर्थ चेष्टा करते हुए कहा, ''जलने दो, मैं पावरोटी खा लूँगा। मगर तुम इस वक्त एकाएक यहाँ किसलिए आये हो?

मैंने कहा, ''मैं आपसे एक हिसाब समझने के खयाल से आया था, मगर रहने दीजिए, बाद में समझ लूँगा।''

और मैं वहाँ खड़ा नहीं रहा। उस दिन वहाँ से भागकर चले आने के बाद ही शान्ति मिली थी।

घटना साधारण थी। साधारण को भी कुछ-न-कुछ महत्त्व दिया ही जाता है। परन्तु उस समय मैं जिस उम्र का था, मेरे लिये परेशान होना जरूरी नहीं था। आज इतने सालों के बाद, उन्हीं मास्टर साहब की बदली हुई। इस स्थिति में, अतीत की वह घटना एक नया अर्थ लेकर मेरे सामने उपस्थित हुई। उस दिन जो महिला मास्टर साहब के यहाँ आयी थी, वह कौन थी? किस वजह से मास्टर साहब से उसका विरोध चल रहा था? उस दिन महिला के चले जाने के बाद मास्टर साहब क्यों हथेलियों से मुख ढँककर रो दिये थे।

यह प्रश्न उस समय मेरे मन में जगा था तो जरूर मगर, अपना कोई स्थायी चिह्न नहीं छोड़ सका था। अभी इतने दिनों के बाद, ब्लैक प्रिन्स के स्टोररूम के अँधेरे में बैठे रहने पर, वे बातें नये सिरे से याद आने लगीं। लगा, इतने दिनों के बाद उन्हीं मास्टर साहब के सामने कैसे खड़ा रहूँगा? आमने-सामने खड़े होकर कैसे बातचीत करूँगा? कैसे पूछूँगा कि उस दिन आप कैसे थे और आज कैसे हो गये? खादी के उस लिबास को छोड़कर आपने कैसे विलासी जीवन को वरण कर लिया? इसका रहस्य क्या है?

आश्चर्यजनक है ईश्वर के द्वारा बनाया गया यह आदमी, और आश्चर्यजनक है मनुष्य के मन का इतिहास और भूगोल! लगता है, इसका

कोई आदि-अन्त नहीं है, कोई कारण-अकारण नहीं है, देश-काल आदि का कोई भेद नहीं है। शायद यह भी इतिहास-भूगोल की तरह ही अनादि-अव्यय-अनन्त है। अनादि है उसका उत्पत्ति-शिखर और अनन्त है उसका सञ्चरण-क्षेत्र।

फिर भी मेरे मन में सन्देह था कि विजय ने जिस ब्लैक प्रिन्स के बारे में बताया है, वह मेरा मास्टर साहब नहीं है। हो सकता है, यह कोई दूसरा ही आदमी हो। यह भी हो सकता है कि विजय ने मुझे जो कहानी सुनायी है, वह वैसे एक आदमी की कहानी है जिससे मैं पूर्णतया अपरिचित हूँ।

विजय मेरी बगल में चुपचाप बैठा था। ''पता नहीं, यहाँ कब तक चुपचाप बैठे रहना पड़ेगा।'' उसने फुसफुसाकर कहा।

मैंने कहा, ''दरवाजे की दरार से उस कमरे में झाँककर देखो।''

विजय ने कहा, ''देख चुका हूँ। इसके अलावा मैं यहाँ पहली बार नहीं आया हूँ, इसके पहले भी एक-दो बार सर्च वारण्ट लेकर आ चुका हूँ। सबसे पहले उस वक्त आया था जब कमलाबाला दासी नामक एक नाबालिग लड़की का उद्धार करना था। उसके बाद ही हमारे दफ्तर में ब्लैक प्रिन्स के सम्बन्ध में एक सीक्रेट फाइल तैयार की गयी है।

अचानक वंशीलाल दरवाजे का ताला खोलकर अन्दर आया।

पूछा, ''हुजूर, आप लोगों को कोई असुविधा तो नहीं हो रही है?''

विजय ने कहा, ''नहीं। असुविधा कुछ-न-कुछ होगी ही लेकिन किया ही क्या जा सकता है? पहले यह तो बताओ कि तुम्हारा साहब कब आयेगा?''

वंशीलाल ने कहा, ''आज जल्दी ही आने की बात है, कल सवेरे साहब को हवाई जहाज से बैंकाक जाना है।''

एक क्षण चुप रहने के बाद उसने कहा, ''दो कप चाय बना लाऊँ? आप लोग चाय पीजियेगा?''

विजय ने कहा, ''नहीं। तुम बाहर जाओ, हम दरवाजे की दरार से हर चीज पर निगरानी रख रहे हैं।''

वंशीलाल अब वहाँ रुका नहीं रहा। कमरे से बाहर जाकर उसने दरवाजे पर फिर से ताला लगा दिया। हो सकता है, थोड़ी देर बाद ही सदर दरवाजे की कालिंग बेल बजने लगे।

उसके बाद साहब कमरे के अन्दर आयेगा।

विजय और मैं दरवाजे की दरार से बाहर की ओर निर्निमेष ताक रहे थे।

मैं यह देखना चाहता था कि यह ब्लैक प्रिन्स मेरे मास्टर साहब हैं या नहीं?

हम बहुत देर तक प्रतीक्षा में बैठे रहे। बैठे-बैठे ऊब आने लगी। देखा, वंशीलाल घर का काम-काज कर रहा है। कपड़े के एक फटे टुकड़े से आलमारी, कुरसी, मेज और तमाम असबाबों को साफ कर रहा है। उसका ध्यान दरवाजे की तरफ है। शायद यह सब उसका रोजमर्रा का काम-काज है।

ठीक उसी समय सदर दरवाजे की घण्टी घनघनाने लगी। हम चौंक पड़े। अब हमें काम करना है। ब्लैक प्रिन्स के कमरे के अन्दर आते ही वंशीलाल उसके बदन से कोट उतारेगा, फिर पूछेगा कि साहब ड्रिंक करेगा या नहीं या चाय पियेगा या नहीं या साहब को किन-किन चीजों की जरूरत है।

उसके बाद वैरागी सामन्त निश्चित समय पर कमरे के अन्दर आयेगा। साथ में चार अदद सोने की चूड़ियाँ ले आयेगा। सोने की चार अदद चूड़ियाँ पहले से ही वैरागी सामन्त को दे दी गयी हैं। वह उनकी कीमत बतायेगा। साहब उस कीमत को घटाकर आधी रकम देने को तैयार होगा और चूड़ियाँ खरीद लेगा। वैरागी उतनी ही रकम लेने के लिए तैयार हो जायेगा। और ज्यों ही ब्लैक प्रिन्स आयरन सेफ खोलकर वैरागी सामन्त को रुपया देने लगेगा, वंशीलाल हमारे कमरे का ताला खोल देगा, विजय कमरे से निकलकर ब्लैक प्रिन्स पर कूद पड़ेगा। उसके बाद ब्लैक प्रिन्स अगर अड़चन डाले तो विजय के पास रिवॉल्वर है ही।

यह सब योजना विजय ने पहले ही बना ली थी। क्योंकि ब्लैक प्रिन्स को यदि हम माल के साथ नहीं पकड़ते हैं तो फिर वह पकड़ में आयेगा ही नहीं। उसके बाद ब्लैक प्रिन्स की आयान सेफ तलाशी लेने से, हो सकता है मेरी भतीजी का हार मिल जाये।

कालिंग बेल बजते ही वंशीलाल दरवाजा खोलने चला गया।

हमने सोचा था, साहब आ रहा है। मगर साहब नहीं था। वंशीलाल किसी से बातचीत करने लगा। हमें जनाना आवाज सुनायी पड़ी।

वंशीलाल ने किसी महिला के आने की बात हमें नहीं बतायी थी। जनाना आवाज सुनायी दी "साहब हैं?"

"नहीं।" वंशीलाल ने कहा।

जनाना आवाज सुनायी दी, "वे कलकत्ते में ही हैं?"

"हाँ।" वंशीलाल ने कहा।

"मैं एक बार साहब से मिलना चाहती हूँ।"

"साहब अभी घर पर नहीं हैं।"

"साहब कब आयेंगे?"

वंशीलाल इस समय किसी बाहरी आदमी को अन्दर नहीं आने देना चाहता था। इसीलिए उसने कहा, "वे कब आयेंगे, इसका कोई ठीक नहीं है।"

जनाना आवाज सुनायी दी, "मैं थोड़ी देर तक अन्दर बैठना चाहती हूँ। बहुत दूर से आ रही हूँ। साहब से मिलना जरूरी है।"

वंशीलाल असमंजस में पड़ गया।

"आप कौन हैं? आपका शुभ नाम?"

"मेरा नाम कमलाबाला है", जनाना आवाज सुनायी दी, "कमला-बाला दासी। तुम यहाँ नये-नये आये हो, इसीलिए मुझे नहीं पहचानते हो। मैं इस घर में बहुत दिनों तक वास कर चुकी हूँ। यहाँ महावीर काम करता था। वह मुझे पहचानता था। वह कहाँ है?"

वंशीलाल ने कहा, "मैं नया आदमी हूँ। महावीर को मैं नहीं जानता।"

जनाना आवाज सुनायी दी, "मैं बहुत दूर से आ रही हूँ। बिना बैठे यहाँ से नहीं जाऊँगी। थोड़ी देर सुस्ता लूँ, फिर अगर मुलाकात नहीं होगी तो लौट जाऊँगी।"

विजय अब तक उत्सुकता के साथ उन लोगों की बातें सुन रहा था। उसके बाद कानों को और भी सतर्क रखकर मेरी ओर देखता हुआ बुदबुदाया, "अरे, वही कमलाबाला दासी है, जिसके बारे में तुम्हें बता चुका हूँ। वह इतने दिनों के बाद ब्लैक प्रिन्स के पास आयी है। बात क्या है?"

मेरी समझ में कुछ भी नहीं आ रहा था। पूछा, "कौन-सी कमलाबाला दासी?"

विजय ने फुसफुसाकर मेरे कानों में कहा, "याद नहीं है? मैंने तुम्हें बताया था, कुछ साल पहले एक लड़की अपने माँ-बाप के साथ कलकत्ता देखने आयी थी और स्यालदह के मोड़ से लापता हो गयी थी।

उसके लिए मैं सर्च वारण्ट लेकर यहाँ आया था। वही कमलाबाला दासी इतने दिनों के बाद यहाँ कैसे आयी? आश्चर्य है।''

महिला घर के अन्दर आना चाहती थी और वंशीलाल उसे अन्दर आने नहीं देना चाहता था। आखिर में महिला बोली, ''देखो, तुम नये आदमी हो, इसीलिए मुझे कमरे के अन्दर नहीं जाने देते हो। मैं तुम्हारे साहब की पत्नी हूँ। तुम्हारे साहब मेरे पति हैं यकीन करो, तुम्हारे साहब मेरे पति हैं।''

वंशीलाल की इच्छा नहीं थी कि महिला घर के भीतर आये। मगर यह सुनकर कि वह साहब की पत्नी है, असमंजस में पड़ गया। वह महिला की ओर घूरने लगा।

''आप उनकी पत्नी हैं तो फिर आपकी माँग में सिन्दूर कहाँ है?'' वंशीलाल ने पूछा।

महिला बोली, ''पहले सिन्दूर लगाती थी, लेकिन अब नहीं। अब तुम्हारे साहब से मेरा बनाव नहीं हो रहा है। एक आवश्यक काम रहने के कारण ही मैं तुम्हारे साहब से मिलने आयी हूँ। मुलाकात होने के बाद चली जाऊँगी। साहब अगर बिगड़ेंगे तो मैं कहूँगी कि तुम मुझे घर के भीतर नहीं आने देना चाहते थे, मैं जबरन आयी हूँ और इसमें तुम्हारी कोई गलती नहीं है।''

अब सम्भवतः वंशीलाल को उसके प्रति थोड़ी दया हुई। लेकिन वह कुछ आपत्ति करे इसके पहले ही महिला परदा हटाकर कमरे के अन्दर चली अयी थी।

और उसी क्षण मुझे लगा, मैं आसमान से जमीन पर गिर गया हूँ। मैं विस्मय से चिहुँककर चिल्लाना चाहता था। लेकिन किसी तरह अपने-आपको सँभाल लिया।

विजय ने मेरी भाव-भंगिमा देखकर धीमी आवाज में कहा, ''क्या हुआ? तुम इस तरह चिहुँक क्यों उठे? क्या हुआ?''

मैने कहा, ''वह हमारी सुनीति ही है।''

''सुनीति! वही सुनीति जो तुम्हारी भतीजी को पढ़ाती है?''

''हाँ, सुनीति मित्र। उसी के ही बारे में तुम्हें बताया था। वह यहाँ क्यों आयी है, समझ में नहीं आता।''

विजय ने कहा, ''लेकिन वह तो बता रही है कि उसका नाम कमला-बाला दासी है। मैं उसकी फोटो देख ही चुका हूँ—इसका चेहरा ठीक उसी से मिलता-जुलता है।

मैंने कहा, "कमलाबाला दासी सुनीति मित्र कैसे हो सकती है? यह हो ही नहीं सकता। एक आदमी के दो नाम हो सकते हैं? सुनीति तो मेरी भतीजी को पढ़ाती है। वह यहाँ क्यों आयी है? तुम्हारे ब्लैक प्रिन्स से उसका क्या रिश्ता है?"

विजय ने पूछा, "तुमने अपने घर में कुछ चर्चा की थी? आज जो तुम्हें यहाँ आना था, उसके बारे में किसी को कुछ बताया था?"

"हाँ, चर्चा तो की थी।"

"फिर उसी वक्त उसे पता चल गया है।"

मैं मन-ही-मन सोचने लगा, यह क्या हुआ। सुनीति अभी क्यों आयी है? ब्लैक प्रिन्स स्मगलर, शराबी और गुण्डों का सरदार है—उससे सुनीति का किस तरह का रिश्ता हो सकता है? और जिसे अभी तक मैं सुनीति मित्र के नाम से जानता था, वह कमला कहकर अपना परिचय क्यों दे रही है?"

मेरा दिमाग चकराने लगा।

विजय ने कहा, "अभी कुछ मत बोलो, चुपचाप रहो, महिला जिस तरह बैठी है, बैठी रहे, ब्लैक प्रिन्स कमरे में आकर क्या करता है।"

"और अगर वैरागी सामन्त इसी वक्त कमरे के अन्दर चला आये तो? वह भी इसी वक्त आनेवाला है।" मैंने कहा।

विजय बोला, "नहीं, यह बात उसे पहले ही बता दी है। अगर कोई दूसरा आदमी कमरे के अन्दर रहेगा तो वह नहीं आयेगा।"

मैं तब दरवाजे की दरार से सुनीति की ओर अपलक निहार रहा था। उसे यहाँ, ब्लैक प्रिन्स के कमरे में, इस हालत में देखूँगा, इसकी मैंने कल्पना भी नहीं की थी। अगर वह कमला है, जैसा कि विजय कह रहा है, तो फिर उसे सुनीति मित्र के नाम से इतने दिनों से क्यों पहचानता आ रहा हूँ? उसे सुनीति मित्र समझकर ही हमने अपने घर में आश्रय दिया है। फिर क्या यह समझना होगा कि एक ही आदमी के दो नाम हैं? हमारे घर में अपने-आपको निर्विघ्न छिपाने के लिए ही क्या अपने असली नाम को छिपा रखा है? मैं सोचते-सोचते हैरान हो गया, मुझ-जैसे पुलिस के आदमी की आँख में धूल झोंककर अपना नाम सुनीति बताकर उसने हमारे परिवार के बीच निरापद आश्रय की व्यवस्था कर ली। फिर उसका कालीघाट के मन्दिर में पूजा करना, व्रत के उपलक्ष्य पर निराहार रहना, वीथि को पढ़ाना

और उसे आत्मीय से भी बढ़कर परमात्मीय बना लेना यह सब क्या अभिनय है?

मैं उसी तरह उस अँधेरी कोठरी में अपने-आपको छिपाकर सुनीति के द्वारा कही हुई कहानी के शुरू से अन्त तक का सिंहावलोकन करने लगा। कॉलेज का मेरा वह प्रिन्सिपल मित्र, जिसने सुनीति का पता मुझे दिया था, सुनीति के अभिनय से छला गया था? लेकिन यह छलना क्यों? फिर क्या सुनीति यह नहीं जानती थी कि एक अस्वाभाविक परिवेश में पड़कर उसकी छलनाएँ बाहरी खोल की तरह किसी-न-किसी दिन खिसककर नीचे गिर जायेगी? वह क्या समझ नहीं सकी थी कि यथार्थ से प्रतियोगिता करने से, चाहे वह कितना ही निर्दोष अभिनय क्यों न हो, उसे एक दिन पराजय स्वीकार करनी ही होगी।

मुझे बेचैनी का अहसास होने लगा। और न केवल बेचैनी, बल्कि मुझे लगा कि सुनीति ने मुझे पराजित कर दिया है। पराजय की ग्लानि से मैं लज्जा महसूस करने लगा। मैं किस तरह अपनी भाभी, भैया और भतीजी को अपना चेहरा दिखाऊँगा? उनसे कैसे कहूँगा कि इन तमाम चीजों के पीछे सुनीति मित्र का हाथ है?

देखा, सुनीति एक सोफे पर चुपचाप बैठी है। उसकी आँखों में धुँधलापन तैर रहा है। अनुमान लगाया, उत्तेजना के कारण उसका मंन चंचल है। लेकिन बाहर से उत्तेजना नाममात्र की भी नहीं दीखती है। वह कठपुतली की तरह प्रतीक्षा कर रही है।

वंशीलाल ने उसके पास जाकर कहा, ''आप कब तक इन्तजार करती रहेंगी? आज शायद साहब को आने में देर हो।''

सुनीति ने कहा, ''मैं साहब से मुलाकात किये बगैर यहाँ से नहीं जाऊँगी, चाहे वे कितनी ही रात में क्यों न आयें।''

वंशीलाल ने कहा, ''मगर साहब आपको यहाँ बैठी देखकर मुझ पर रंज होंगे। कहेंगे, मैंने आपको अन्दर घुसने क्यों दिया?''

सुनीति ने बड़ी ही करुण आवाज में कहा, ''मुझे उनसे बहुत जरूरी काम है।''

वंशीलाल ने कहा, ''जरूरी काम है तो किसी दूसरे दिन आइएगा। अभी इतनी रात में आपको यहाँ देखकर साहब का दिमाग गरम हो जायेगा।''

सुनीति दीवाल-घड़ी की ओर देखती हुई बोली, ''अभी ज्यादा रात नहीं हुई है। और कुछ देर तक इन्तजार करूँगी।''

वंशीलाल अब क्या कहे? शायद सुनीति के प्रति थोड़ी दया हुई। बैठे; महिला को थोड़ी देर तक बैठने दो। कुछ देर इन्तजार करूँगा और फिर उसे जबर्दस्ती यहाँ से बाहर निकाल दूँगा।

विजय ने मेरे कान से अपना मुँह सटाकर फुसफुसाते हुए कहा, "ब्लैक प्रिन्स आ जाये, फिर क्या होता है, यही देखना है। उसके बाद पता चल जायेगा कि यह सुनीति ही कमला है या नहीं। इसी के कारण हम इतने दिनों से हैरान हैं, इसी की हम इतनी तलाश करते आ रहे हैं और यह ऐसी है कि अपना नाम गलत बताकर तुम्हारे घर में छिपी हुई है। वेरी स्ट्रेञ्ज। सचमुच बड़ा ही अजीब काण्ड है!"

हमारे जीवन में एकाध ऐसी घटना या दुर्घटना घटित होती है जो हमारे जीवन के लिए मंगलदायक साबित होती है। अनेक जन्म जिस तरह मंगलकारी होते हैं, अनेक मृत्युएँ भी उसी तरह फलदायक होती हैं। भगवान् सिद्धार्थ का जन्म जिस तरह पृथ्वी के लिए मंगलकारी हुआ था, ईसा मसीह का सलीब पर चढ़ना क्या बाद में हमारे लिये उतना ही कल्याणकारी नहीं हुआ था?

विजय की बात से लगा, हम सचमुच ही एक अजीब घटना के जाल में फँस गये हैं।

ठीक उसी समय बाहर का कालिंग बेल बजने लगा और हम दोनों सतर्क हो गये। ब्लैक प्रिन्स आ गया। अब पता नहीं क्या होगा, क्या घटना घटेगी? आवाज सुनकर सुनीति भी सीधी होकर बैठ गयी।

वंशीलाल के दरवाजा खोलने पर साहब के बदले वैरागी सामन्त को पाया।

"साहब हैं?"

वंशीलाल वैरागी को पहचानता था। घटना किस तरह सजायी गयी है, यह बात भी उसे पहले से ही मालूम थी।

"अभी तक नहीं आये हैं।" वंशीलाल ने फुसफुसाकर कहा।

"कमरे के अन्दर कौन है?"

वंशीलाल ने कहा, "मैं पहचानता नहीं। साहब से मुलाकात करने के लिए बैठी है।"

वैरागी ने धीमी आवाज में कहा, "देखूँ, महिला का चेहरा कैसा है?"

यह कहकर उसने अपना सिर अन्दर घुसेड़कर एक पल आँखें दौड़ायीं और फिर अपना सिर बाहर निकाल लिया।

बोला, "अरे, वह यहाँ इस वक्त क्यों आयी है? आने का उसे कोई दूसरा वक्त नहीं मिला?"

"क्यों? उसे तुम पहचानते हो क्या? वह कौन है?" वंशीलाल ने पूछा।

वैरागी बोला, "पहचानूँगा क्यों नहीं? साहब उसे ज्यादा दिनों तक अपने पास नहीं रख सका था। वह साहब के घर से भाग गयी थी। समझ में नहीं आता कि इतने दिनों बाद फिर क्यों आयी है? उसे तुम यहाँ से हटा दो, हमारे काम में असुविधा होगी।"

यह कहकर वह बाहर के बरामदे में कहीं लापता हो गया।

अब वंशीलाल फिर सुनीति के पास आया और बोला, "आप कब तक बैठी रहिएगा, मेम साहब? लगता है, आज उन्हें आने में बहुत देर होगी।"

"होने दो। आज मुझे साहब से किसी भी हालत में मुलाकात करनी ही है।"

बात ठीक से खत्म हो भी नहीं पायी थी कि बाहर कालिंग बेल फिर से बजने लगा। "ठगनलाल"...जोरों की आवाज आयी।

वंशीलाल दौड़ता हुआ गया और दरवाजा खोल दिया। ब्लैक प्रिन्स ने कमरे के अन्दर प्रवेश किया। सामने सुनीति को देखकर वह चौंक उठा, "ऐ, कमला तुम! तुम क्यों आयी हो?"

वंशीलाल ने साहब के बदन से कोट उतारा, उसके बाद उसके हाथ से पोर्टफोलियो लेकर नीचे रखा। समूचा फ्लैट साहब की कर्कश आवाज से मुखर हो उठा।

"तुम क्यों आयी हो?" वह बोला, "एक बार मेरे घर से रुपया चुराकर भाग गयीं फिर भी तुम्हारी इच्छा पूरी नहीं हुई? अब फिर किस खयाल से आयी हो?"

उसके बाद वंशीलाल की ओर देखकर चिल्लाया, "ठगनलाल!"

"हुजूर!"

"तूने उसे अन्दर क्यों आने दिया? मैंने कहा था न, किसी भी अनजान आदमी को अन्दर मत आने देना!"

वंशीलाल ने कहा, "मैंने उन्हें अन्दर नहीं आने दिया था हुजूर, वे जबरन अन्दर चली आयी हैं।"

"जबरन का मतलब? तेरी देह में ताकत नहीं है? एक औरत की ताकत से तूने हार मान ली?"

वंशीलाल ने कहा, "हुजूर उन्होंने बताया कि वे आपकी मेम साहब हैं?"

साहब सुनीति की ओर आकर बोला, "तुमने क्या कहा था? तुमसे मैंने शादी की थी? इतने दिनों के बाद भी तुम यह बात कह रही हो? तुम्हारी माँग में सिन्दूर भरकर कितने दिन पहले मैंने मजाक किया था और तुम अब भी उस पर यकीन करती हो? पता है तुम्हारी-जैसी बहुतेरी औरतों की माँग में मैंने सिन्दूर भरा है?"

"जानती हूँ।"

इतनी देर के बाद सुनीति के गले से एक छोटी-सी बात निकली, "जानती हूँ।"

साहब ने कहा, "जानने के बावजूद तुम इस बात को अब तक क्यों याद रखे हुए हो?"

सुनीति ने कहा, "याद रखती ही नहीं। यह सब बात मैं भूल चुकी थी।"

"भूल चुकी थीं तो भूली हुई ही रहतीं। जिन-जिन औरतों से मैंने शादी की थी, सभी भूल चुकी हैं। भूलकर भी जिन्दा हैं और उनके साथ-साथ मैं भी जिन्दा हूँ।"

"मैं इन बातों को भुला चुकी थी, इसका प्रमाण तुम्हें नहीं मिल रहा है?"

"प्रमाण क्या है?"

सुनीति ने कहा, "जिस दिन मैंने देखा, मुझ-जैसी हजारों महिलाओं की माँग में सिन्दूर भरकर तुमने उनकी जिन्दगी बरबाद कर दी है, जिस दिन देखा, तुम तस्करी के सोने का कारोबार करते हो, जाली पासपोर्ट का कारोबार करते हो, जिस दिन देखा तुम नम्बरी शैतान हो, उसी दिन मैं यहाँ से भागकर चली गयी।"

साहब चिल्ला उठा, "ठगनलाल, इसे यहाँ से बाहर निकाल। अभी तुरन्त गरदन पर हाथ रखकर बाहर निकाल दे।"

"नहीं।"

सुनीति ने अकस्मात् गेहुँअन साँप की तरह फन काढ़कर कहा, "नहीं, तुम इतनी आसानी से मुझे बाहर नहीं निकाल सकते। बाहर निकालने के पहले तुम्हें मेरी बात सुननी ही होगी।"

साहब ने कहा, "बताओ, तुम क्या कहना चाहती हो? एक बात समझ लो, मेरे पास ज्यादा वक्त नहीं है, मुझे आज ढेर-सारा काम करना है। जो कुछ कहना है, जल्दी बताओ।"

सुनीति ने कहा, "मैं भी तुम्हारी तरह जल्दबाजी में हूँ। मुझे तुरन्त घर लौटना है।"

"घर! घर का मतलब? अभी तुम्हारी माँग में सिन्दूर दिखायी नहीं पड़ रहा है, फिर घर कैसे? अपने जिस्म की कमाई से मकान बनवाया है?"

सुनीति ने कहा, "स्टुपिड, रास्कैंल! चुप रहो!"

ब्लैक प्रिन्स की बोलती कुछ देर तक बन्द हो गयी। उसके बाद वह आहिस्ता-आहिस्ता और भी आगे बढ़ आया।

बोला, "वाह, वाह, वेरी गुड! देख रहा हूँ, उस दिन की कमलाबाला दासी धुआँधार अंग्रेजी बोल रही है। लगता है, मेरे पैसों को तुमने अच्छे कामों में लगाया है। लिख-पढ़कर भले आदमी की तरह बोलना सीख लिया है।"

"तुम-जैसे शैतान से भली जबान में बातें करूँ, ऐसी कुशिक्षा मैंने नहीं पायी है। अगर वैसी शिक्षा मिली होती तो यहाँ से भागकर मैं माँग का सिन्दूर नहीं पोंछती और न ही अपना नाम बदलकर सुनीति रखती।"

ब्लैक प्रिन्स ने जोरों का एक ठहाका लगाया, "सुनीति! वाह-वाह, चुनने पर कोई दूसरा नाम नहीं मिला? तुम्हारी अक्ल की तारीफ करनी चाहिए। देहात की लड़की के दिमाग में इतनी बुद्धि हो सकती है, इसकी मैंने कल्पना भी नहीं की थी। हालाँकि झगड़ू तुम्हें रास्ते से पकड़कर जब मेरे पास ले आया था तो तुम्हारे मुँह से एक भी शब्द बाहर नहीं निकलता था। अब तो अंग्रेजी में धाराप्रवाह गाली बक सकती हो। हाँ, यह तो बताओ, आजकल तुम किस बाबू के साथ रह रही हो? वह कप्तान कौन है?"

सुनीति ने कहा, "लगता है, तुम्हें गाली सुनने की फिर से इच्छा हो रही है। लेकिन यह मत सोचना कि तुम्हें गाली-गलौज देने से ही मेरे मन की आग शान्त हो जायेगी। तुम्हें अगर पुलिस के हाथों सौंप सकती तो मेरे मन की जलन थोड़ी-बहुत शान्त हो जाती।"

"पुलिस! तुम पुलिस की बात कर रही हो? पुलिस को इतनी अक्ल है कि मुझे पकड़ ले! मैं क्या इतना बेवकूफ हूँ? इतना कुछ जानने के बावजूद तुम मुझे पुलिस का भय दिखा रही हो? जब रास्ते से पकड़वाकर तुम्हें इसी

घर में छिपाकर रखा था और इस घर के अन्दर तुम्हारे साथ बलात्कार किया था, विवाह के नाम पर तुम्हारी माँग में सिन्दूर भरकर जब इसी कमरे में तुम्हारे साथ बिस्तर पर सोया था, पार्क स्ट्रीट थाने से सर्च वारण्ट लेकर पुलिस उस समय भी आयी थी। लेकिन क्या पता चला था? या मुझे पुलिस अरेस्ट कर सकी थी?''

कुछ देर तक चुप रहने के बाद फिर कहने लगा, ''खैर, तुमसे यह सब कहने का मेरे पास वक्त नहीं है, अभी मुझे बहुत काम करना है। तुम चली जाओ। सवेरे मुझे बैंकाक जाना है और जाने के पहले मुझे एक चिट्ठी लिखनी है।''

यह कहकर ब्लैक प्रिन्स ने पुकारा, ''ठगनलाल!''

ठगनलाल पैण्ट्री के अन्दर रसोई बनाने के नाम पर सब-कुछ सुन रहा था और हमारी कोठरी का दरवाजा खोलने के लिए तैयार था। साहब की पुकार सुनते ही वह कमरे के अन्दर चला गया।

साहब ने कहा, ''मेरा राइटिंग पैड और कलम ले आओ।''

वंशीलाल ने मेज पर जैसे ही कलम और राइटिंग पैड रखा, साहब चिट्ठी लिखने लगा। दरवाजे की दरार से मैंने देखा, साहब तल्लीन होकर किसी को चिट्ठी लिख रहा है। लगा, बहुत ही मनोयोगपूर्वक चिट्ठी लिख रहा है।

चिट्ठी लिखते-लिखते अचानक उसने सिर उठाकर सुनीति की ओर देखा और कहा, ''तुम अब तक बैठी हुई हो? अब अपने घर चली जाओ।''

सुनीति ने कहा, ''अपनी बात तुमसे जब तक कह नहीं लूँगी, तब तक मैं घर वापस नहीं जाऊँगी।''

''अभी बात सुनने का वक्त मेरे पास नहीं है। चिट्ठी लिखकर मुझे अभी तुरन्त डाक से भेजनी है।''

सुनीति ने कहा, ''तुम चिट्ठी लिखना खत्म कर लो, मैं बैठी रहूँगी। आज मेरी बात तुम्हें सुननी ही है।''

साहब ने चिट्ठी लिखते-लिखते कहा, ''तुम जो कुछ कहना चाहती हो, कह डालो। तुम्हें और भी पैसे की जरूरत है और मैं पैसा न दूँ तो तुम पुलिस को सूचना भेज दोगी—यही कहना चाहती हो न?''

सुनीति ने कहा, ''नहीं।''

साहब का चिट्ठी लिखना जारी था। बोला, ''अगर पैसा नहीं चाहिए तो फिर तुम क्या कहना चाहती हो? अगर पुलिस से पकड़वाने की बात कहना चाहती हो तो फिर मुझे ही चाहिए था कि तुम्हें पुलिस से पकड़वा दूँ। तुम मेरा रुपया-पैसा चुराकर भागी थी, इसका सबूत मेरे पास है। लेकिन मैं, मैं ऐसा नहीं करूँगा, क्योंकि तुम्हारी-जैसी अनेक महिलाएँ मेरे पास आयी हैं, जिन्हें बेचकर मैंने प्रॉफिट के रूप में मोटी रकम कमायी है। इसलिए तुम्हारे चलते मेरी जो क्षति हुई, उसकी पूर्ति हो चुकी है। मैं पुलिस के पास तुम्हारे खिलाफ कोई कार्रवाई नहीं करने जा रहा हूँ। मैं तुम्हें वचन देता हूँ।''

इस बीच साहब का चिट्ठी लिखना समाप्त हो चुका था। उसे लिफाफे में भरकर साहब ने गोंद से चिपकाया और वंशीलाल की ओर बढ़ा दिया।

बोला, ''इसे आज ही रात में पोस्ट बॉक्स में डाल देना, जिससे कल ही इसकी डेलीवरी हो जाये। बहुत ही जरूरी है।''

वंशीलाल ने लिफाफा लेकर अपने पास रख लिया।

अबकी कालिंग-बेल की आवाज नहीं बल्कि दरवाजे की कुण्डी की खटखटाहट सुनायी पड़ी।

साहब ने चिल्लाकर पूछा, ''कौन है?''

वंशीलाल जल्दी-जल्दी बाहर की तरफ गया और लौटकर बोला, ''वैरागी आया है, हुजूर।''

साहब को गुस्सा आ गया, ''वैरागी को आने का यही वक्त मिला? अच्छा, उसे अन्दर बुला ले।''

वैरागी को पहले ही सिखा-पढ़ा दिया गया था। कमरे में आते ही उसने साहब को झुककर सलाम किया।

साहब ने माथा उठाकर पूछा, ''क्या है, वैरागी? कैसे हो? खबर क्या है?''

वैरागी ने रोनी-रोनी आवाज में कहा, ''हुजूर, आपके पास माल लेकर आया हूँ।''

''माल! मैं कोई मालिक हूँ जो मेरे पास माल ले आये हो? झगड़ू को क्यों नहीं दे दिया? झगड़ू ही तुम्हें पैसा दे देता। झगड़ू कहाँ है? मैं तो कई बार कह चुका हूँ कि सीधे मेरे पास न आया करो। आजकल जमाना बहुत खराब है।''

वैरागी ने कहा, ''मैं झगड़ू बाबू के पास गया था। वह घर पर नहीं मिला। यही वजह है कि आपके पास चला आया। आजकल पैसे की बहुत ही तंगी चल रही है, हुजूर!''

साहब ने हाथ आगे बढ़ाकर कहा, ''देखूँ, कैसा माल ले आये हो।''

वैरागी ने अपने कुरते की जेब से माल निकालकर साहब की ओर बढ़ाया। माल कागज में मुड़ा था। साहब ने जैसे ही कागज खोला, उसमें से सोने की चार चूड़ियाँ बाहर निकलीं।''

साहब ने कहा, ''एकबारगी चार अदद चूड़ियों पर हाथ फेर दिया। आजकल तो तुम पूरे उस्ताद हो गये! कहाँ मिलीं?''

''हुजूर, स्यालदह के रथ के मेले में। एक महिला माँ-बाप के साथ रथ का मेला देखने आयी थी, भीड़ में मैंने गायब कर दिया।''

''दो नम्बर का सोना तो नहीं है?''

वैरागी ने कहा, ''हुजूर, आप ठहरे सोने के जौहरी, इतने दिनों से आप सोने का कारोबार कर रहे हैं। खुद ही परीक्षा करके देख लें।''

साहब ने विविध प्रकार से चारों चूड़ियों की परीक्षा की, उसके बाद कहा, ''खाँटी सोना है। अच्छा यह तो बताओ कि कितना लोगे?''

''हुजूर, आजकल सोने की दर पाँच सौ रुपया तोला है। आप इसी बात को मद्दे नजर रखकर दीजिए।''

साहब ने खड़े होकर दीवार में जड़ी लोहे की आलमारी को खोला। सोने की चूड़ियाँ रखकर उसे फिर से बन्द कर दिया। उसके बाद पॉकेट से वैलेट बाहर निकालकर उससे कई नोट निकाले और वैरागी के हाथ में थमा दिये।

''लो।'' साहब ने कहा।

वैरागी ने नोटों को गिनकर कहा, ''बस, पचास ही रुपये?''

साहब ने कहा, ''काफी दे दिया। अब तुम चले जाओ।''

''मगर हुजूर चार अदद चूड़ियों का आपने हिसाब करके देखा है कि कितनी कीमत होती है? पचास रुपये ही दीजिएगा तो कैसे चलेगा?''

साहब को ऊब महसूस होने लगी। ''फिर इस तरह की चीज मेरे पास बेचने क्यों ले आते हो?'' साहब ने कहा, ''बाजार में सोनार के हाथ भी बेच सकते थे। मैं क्या सोने की खरीद-बिक्री का काम करता हूँ?''

वैरागी सामन्त ने कहा, ''हुजूर, इतने दिनों से जितने ही सोने के गहनों की बटमारी की है, आपके ही हाथ बेचा है।''

साहब ने कहा, ''मेरे पास क्यों आये हो? सोनार के हाथ बेचने से तुम्हें किसने मना किया है?''

वैरागी ने कहा, ''हुजूर, आप ही हम लोगों के माँ-बाप हैं। झगड़ू बाबू जब से मुझे इस लाइन में ले आये हैं, आपको ही माँ-बाप के रूप में जानता हूँ। जिन्दा रहूँ तो भी आप ही सब-कुछ और मरना भी पड़े तो आप ही सब-कुछ हैं। बाजार के सोनार के हाथ में बटमारी का माल बेचकर पुलिस के हाथ में पड़ूँ? उससे बचने के लिए ही तो आपके पास आया हूँ।''

वंशीलाल इस बीच ह्विस्की का गिलास सामने रख गया था। साहब ने सोडा और बर्फ मिलाकर उसे होंठों से लगाया।

अब उसे याद आया, सुनीति यहीं बैठी हुई है।

उसकी ओर सिर घुमाकर कहा, ''तुम अब भी क्यों बैठी हुई हो?''

सुनीति ने कहा, ''मैं जो कुछ कहने आयी थी, कह नहीं पायी हूँ और जब तक कह नहीं लूँगी, मैं यहाँ से जानेवाली नहीं हूँ।''

''ओह, यह बात!''

लगा जैसे, ह्विस्की का तीखापन साहब के मस्तिष्क को झिंझोड़ने लगा था।

हम दोनों कोठरी से झाँक-झाँककर सब-कुछ देख-सुन रहे थे। मैं हतप्रभ-सा सोच रहा था कि जिस आदमी को अभी सामने देख रहा हूँ, वह क्या मेरे वही मास्टर साहब हैं, जो कठोरतापूर्वक ब्रह्मचर्य का पालन करते थे और हम लोगों को भी पालन करने के लिए कहा करते थे। जो एक ओर तो सादगी से पूर्ण जीवन और दूसरी ओर महान् चिन्तन पर आस्था रखते थे। यह ब्लैक प्रिन्स क्या वे ही हैं? मैं दरवाजे से ब्लैक प्रिन्स की ओर जितना देख रहा था, जितनी उसकी बातें सुन रहा था, अपने तमाम प्रत्यक्ष अतीत पर विश्वास करने का उतना ही मेरा मन हो रहा था। यह कैसे होता है, क्योंकर सम्भव होता है?

अचानक साहब ने कहा, ''क्यों, क्यों नहीं बता रही हो? जो कुछ कहना है, जल्दी से कहो। मुझे कल सवेरे के प्लेन से बैंकाक जाना है।''

सुनीति ने अबकी स्पष्ट स्वर में कहा, ''मैं तुमसे एक बात अर्ज करना चाहती हूँ।''

''ऐसा क्यों कह रही हो?''

"हाँ, मैं अर्ज ही करना चाहती हूँ। मैं तुम्हें आदेश नहीं दे सकती। जानती हूँ, उतना अधिकार मुझे नहीं है। इसके अलावा तुम्हारे सामने मेरी हस्ती ही क्या है? तुम अगाध पैसे और सोने के मालिक ठहरे और मैं तुम्हारी तुलना में कुछ भी नहीं हूँ।"

"बेकार की बातें रहने दो। यही सब सुनने का वक्त मेरे पास नहीं है। असली बात क्या है, यही कहो।"

सुनीति ने कहा, "मेरी छात्रा का सोने का हार तुम्हारी आलमारी में है। उसे मुझे वापस कर दो।"

"तुम्हारी छात्रा का? तुम किसी को पढ़ाती हो क्या?"

"हाँ। एक भले आदमी के घर पर रहकर उनकी लड़की को पढ़ाती हूँ। उनके बदले मुझे रहने और खाने की सुविधा के अतिरिक्त वेतन भी मिलता है। उसी वेतन के रुपये से अभी मैं एम० ए० में पढ़ रही हूँ और गेरा खर्च भी उसी से चल रहा है।"

साहब व्यंग्य की हँसी हँसने लगा।

"रीयली! कभी तुम देहात की लड़की थी और अब पूरे तौर पर लेडी हो गयी हो? वेरी गुड न्यूज। वेरी-वेरी गुड न्यूज! जब एम० ए० में पढ़ रही हो तो आई० ए०, बी० ए० अवश्य ही पास कर लिया होगा। लेकिन जिस घर में तुम पढ़ाती हो, वहाँ के आदमी क्या यह जानते हैं कि कभी तुम मेरी पत्नी रह चुकी हो? उन्हें क्या मालूम है कि कभी मेरे आदमियों ने तुम्हें स्यालदह के मोड़ पर किडनैप कर लिया था? अगर उन्हें यह बात मालूग होती तो तुम्हें अपने घर पर टिकने नहीं देते। सचमुच क्या उन्हें यह सब बात मालूम है?"

सुनीति ने कहा, "नहीं, उन्हें मालूम नहीं है। इसके सिवा उन्हें यह भी मालूम नहीं है कि मेरा नाम कमला है।"

"फिर वहाँ तुम्हारा नाम क्या है?"

सुनीति ने कहा, "उन्हें मालूम है कि मेरा नाम सुनीति है—सुनीति मित्र।"

"और तुम्हारे माँ-बाप?"

"उनकी मैंने खोज-खबर नहीं ली। अपना कलंकित चेहरा दिखाकर उनके मन को मैं तकलीफ नहीं पहुँचाना चाहती हूँ। कॉलेज और यूनी-वर्सिटी में भी लोग मुझे सुनीति के नाम से ही जानते हैं।"

साहब ने व्यंग्य के लहजे में कहा, "तुम्हारी रुचि की दाद देता हूँ, कमला। तुम्हारा टेस्ट बहुत ही अच्छा है। अपने लिये तुमने ऐसा नाम चुन लिया है कि लोग तुम्हें सती-सावित्री समझेंगे—जल से धोयी हुई तुलसी की पत्ती। सचमुच तुम क्या थीं और क्या हो गयीं! तुम्हें देखकर और तुम्हारी बातें सुनकर मुझे खुशी हो रही है। याद है, कभी ऐसा वक्त भी था कि तुम मेरे साथ बैठकर शराब पीती थी। मैं तुम्हारे गिलास में शराब ढाल देता था और तुम गटागट पूरी ह्विस्की एक ही घूँट में पी जाती थीं। उन दिनों की बातें तुम्हें याद हैं?"

सुनीति ने कहा, "तुम यही सब करके मेरा सर्वनाश करना चाहते थे, मुझे बाजारू वेश्या बनाना चाहते थे, मुझे दूसरी-दूसरी लड़कियों की तरह फॉरेन मार्केट में बेचना चाहते थे।"

साहब ने कहा, "हाँ; मैं झूठ नहीं कहूँगा, कमला। तुमने जो कुछ कहा, मैं तुम्हें वही बनाना चाहता था। मगर तुम मुझसे भी बढ़कर शैतान हो, तुमने चोर से बटमारी की। मेरा पैसा चुराकर तुम लापता हो गयीं।"

"लापता होकर मैंने कौन-सा अन्याय किया है? मैं अपनी जिन्दगी बरबाद कर तुम-जैसे शैतान की भलाई करूँगी, ऐसी अबोध मुझे क्यों सोचा था?"

साहब ने गिलास से दूसरा घूँट लिया।

बोला, "शैतान! मैं शैतान हूँ? तुमने मुझे शैतान कहा? सो तुम मुझे शैतान ही कह लो। मगर मैं शैतान क्यों बना, यह बात आज कोई नहीं जानना चाहता है, कमला! मैं पहले क्या था, यह भी कोई नहीं जानना चाहता।"

सुनीति ने पूछा, "पहले तुम क्या थे?"

साहब ने गिलास से एक लम्बा घूँट लिया।

बोला, "मैं जो कहूँगा उस पर तुम यकीन करोगी?"

"करूँगी। कहो।"

"आज के मेरे इस रूप को देखकर तुम क्या यकीन करोगी कि कभी मैं मोटी खादी का धोती-कुरता पहनता था, निरामिष भोजन करता था, ब्रह्मचर्य का पालन करता था, हर रोज आँख खुलने के बाद गीता का पाठ करता था? यकीन करोगी कि किसी समय ढाई-तीन सौ रुपये वेतन की स्कूल मास्टरी की नौकरी से सुखी था? मगर मैं क्यों ब्लैक प्रिन्स हुआ, मालूम है?"

सुनीति ने कहा, "नहीं। शायद किसी पोर्तुगीज साहब **के चक्कर** में **फँसकर।**"

"नहीं-नहीं, यह बात नहीं है, कमला! तुमने किससे क्या सुना है, पता नहीं। मगर जिस कॉस्टेलो साहब को तुमने मेरे घर पर देखा था, इसके लिए वह जिम्मेदार नहीं है। मिस्टर कॉस्टेलो मुझे सिर्फ इस लाइन में ले आया है। कॉस्टेलो मुझे इस लाइन में नहीं भी लाता तो भी मैं कभी-न-कभी तो आता ही।"

"क्यों?"

"उसके लिए एक दूसरा ही आदमी जिम्मेदार है। बचपन की बातों के सिलसिले में मैंने तुम्हें दुर्गा दीदी के बारे में बताया होगा। दुर्गा दीदी की आत्महत्या के बाद मुझे चैतन्य चाचा एक आश्रम में रख आये थे। मेरी लिखाई-पढ़ाई का सिलसिला वहीं चलता रहा था। उसी आश्रम में रहने के कारण मैं ब्रह्मचारी बन गया। मगर आज जो मैं ब्लैक प्रिन्स के रूप में बदल गया, वह किसके कारण? उसके लिए एक व्यक्ति जिम्मेदार है। वह कहती थी, जीवन में रुपया-पैसा ही सब-कुछ है, भोग ही सब-कुछ है, विलासिता ही सब-कुछ है। वह कहती थी, जो जीवन की लड़ाई में हार जाता है, वही त्याग की बातें करता है, जिसमें भोगने की क्षमता नहीं है, वही ब्रह्मचर्य की वाणी का प्रचार करता है, जिसके पास कीमती कपड़े खरीदने का पैसा नहीं है, वही खादी पहनकर देश-सेवक बनता है।"

सुनीति ने कहा, "तुम किसके बारे में कह रहे हो? उसका नाम क्या है?"

साहब बोला, "वह सब तुम्हारे लिये सुनना कोई जरूरी नहीं है, कमला। जीवन में जो खो जाता है, वह दुबारा नहीं मिलता। वह भी उसी तरह मेरे जीवन से खो चुकी है। उसी की बात के कारण मैं गोल्ड-स्मगलर बना, हालाँकि वह मेरे जीवन से खो गयी।"

सुनीति ने कहा, "बताओ न, वह कौन है? कहाँ रहती है? उसका नाम क्या है?"

साहब ने कहा, "तुम यह सब मुझसे मत पूछो। अभी वे बातें रहने दो। तुम अपने बारे में बताओ। कैसी हो? तुम्हें कितनी तनख्वाह मिलती है? तुम किस तरह की छात्रा को पढ़ाती हो?"

सुनीति ने कहा, "यही बात तो बताने आयी हूँ, मगर बीच में बहुत-सी फालतू बातें आ गयीं। तुम कल सवेरे ही बैंकाक जा रहे हो? सवेरे के प्लेन से ही?"

"हाँ, मैं यहाँ से जो कुछ लेकर जाऊँगा, उसके पास जमा करने के बाद ही मैं निश्चिन्तता की साँसे ले पाऊँगा। आजकल एयरपोर्ट पर बहुत चेकिंग होती है। सेक्यूरिटी का बहुत कड़ा इन्तजाम है।"

"मगर तुम्हारे लिये तो डर की कोई बात नहीं। तुम इस लाइन में नये आदमी नहीं हो। हमेशा से ऐसा करते आ रहे हो। जो नया होता है, उसके लिए डरने की बात होती है।"

साहब ने कहा, "मालूम है। लेकिन जानती हो कमला, आज सुबह से ही मेरा मन खराब है। लगता है, मैंने यह क्या किया? किसकी बात से मैं ऐसा हो गया? सच कह रहा हूँ, कभी-कभी मुझे लगता है कि पहले मेरा जो रूप था—वही उस समय जब मैं ढाई सौ रुपये की मास्टरी करता था, जब अपने ही हाथ से रसोई बनाकर खाता था, अपने ही हाथ से कपड़ा फींचता था, ब्रह्मचर्य-पालन करता था—इससे कहीं अच्छा था?"

सुनीति ने पूछा, "तुम्हारा मन सुबह से ही क्यों खराब हो गया?"

साहब ने कहा, "आज भी मैं हर रोज की तरह ऑफिस जा रहा था, अचानक देखा, एक व्यक्ति बस के इन्तजार में खड़ा है।"

"वह कौन था? तुम्हारा कोई परिचित आदमी?"

साहब बोला, "वह मर्द नहीं, एक महिला थी। जानती हो, वह कभी बस पर सवार नहीं हुई है, रास्ते पर पैदल नहीं चली है, हमेशा कीमती गाड़ी से चक्कर लगाती आयी है। जो औरत शुरू से ही कार में घूमती रही है, उसे बस के इन्तजार में खड़ी देखकर मुझे हैरानी हुई। उसके अलावा उसकी साड़ी-ब्लाउज में भी पहली-जैसी तड़क-भड़क नहीं थी। पहले का सौन्दर्य भी नहीं था और न ही पहले के जैसा यौवन और आकर्षक चेहरा। देखकर मुझे बड़ा ही दुःख हुआ।"

सुनीति ने कहा, "वह कौन है?"

ऐसा लगा, जैसे साहब के कान में बात पहुँची ही नहीं। वह अपने-आप कहने लगा, "हालाँकि मेरे पास जो इतना सोना है, आज जो मैं ब्लैक प्रिन्स हूँ, आज जो हमारे पास इतना वैभव है, यह सब उसी की बदौलत है, कमला। मैं इतनी-इतनी औरतों को जो सर्वनाश कर चुका हूँ, उसका कारण वही है। एक दिन तुम्हें जो पकड़कर ले आया था, वह भी उसी के कारण।"

सुनीति ने कहा, "यह तुम क्या कह रहे हो? मेरी समझ में कुछ भी नहीं आ रहा है।"

साहब ने कहा, "तुम समझ नहीं सकोगी। दुनिया में कोई भी समझ नहीं सकेगा। तुम लोग मुझे सिर्फ गोल्ड-स्मगलर के रूप में ही जानती हो, कमला! मगर मैं क्यों गोल्ड-स्मगलर हुआ, यह बात तुम लोग नहीं जानते। मैंने क्यों बड़ा आदमी बनना चाहा—यह बात भी तुम लोगों को मालूम नहीं है।"

सुनीति ने कहा, "मुझे सब-कुछ मालूम है।"

साहब ने कहा, "क्या मालूम है?"

"यही कि कॉस्टेलो साहब ही तुम्हें इस लाइन में ले आया।"

साहब ने कहा, "यह सब फालतू बात है। कॉस्टेलो मेरा कोई नहीं है। उससे मुझे सिर्फ कारोबार का ही रिश्ता है। मैं यहाँ से सोना सस्ती कीमत में ख ेदकर उसे अधिक मूल्य में देता हूँ। कभी-कभी उसे कीमती पत्थर भी देता हूँ। यहाँ से गाँजा-चरस ले जाता हूँ और वह पँचगुना दाम देता है। इससे ज्यादा मेरा उससे कोई रिश्ता नहीं है। उससे अवश्य ही मेरा पेट भरता है। ले किन दिल?"

ुममें दिल नामक कोई चीज है?"

हब तब नशे में आ चुका था। बोला, "इतने दिनों से नहीं था मगर गगा कि है। हाँ, आज सुबह बस स्टैण्ड में खड़ी उस महिला को दे मुझे अपने खोये हुए दिल का अहसास हुआ। लगा, मैं क्यों और कि लिए इतना रुपया कमा रहा हूँ।"

ुनीति ने कहा, "बात तो सही है। इतनी तरह के जाली कारोबार कर इत ज्यादा पैसा कमाने से तुम्हें क्या फायदा हो रहा है? इतना-इतना पैसा कौन भोगेगा?"

ाहब ने कहा, "इस बात की चर्चा कर तुमने अच्छा ही किया। पहले यह ात मुझसे किसी ने नहीं कही थी। हालाँकि इस बात का उत्तर मेरे पास है। पता नहीं, तुम्हें बताया था या नहीं कि कभी मैं बहुत अच्छी-अच्छी पुस्तकें पढ़ा करता था। हिस्ट्री, फिलॉसफी और लिटरेचर पढ़ा करता था। तब मैं एक श्लोक पढ़ता था जो आज भी याद है। पड़ता था : 'तेन त्यक्तेन भुञ्जीथा'। यानी निरासक्त होकर भोगना ही आदर्श भोग है। मैं अपने छात्रों को यही सिखाता था और वे उसी पर आस्था भी रखते थे। लेकिन एक आदमी ने उस पर विश्वास नहीं किया था।"

उसके बाद क्या हुआ, पता नहीं, साहब ने एकाएक कहा, ''यह सब तुम्हें क्यों नहीं कहा था, इसका कारण तुम समझ नहीं सकोगी।''

सुनीति ने कहा, ''कहो, मैं समझ जाऊँगी।''

''समझ जाओगी? तुम समझ लोगी? मगर समझोगी कैसे? ठहरी गाँव की लड़की, लिखना-पढ़ना सीखा ही नहीं।''

सुनीति ने कहा, ''मैं लिखी-पढ़ी औरत हूँ। अगर नहीं होती तो छात्रा को पढ़ाती ही कैसे? मेरी छात्रा हर साल परीक्षा में अव्वल आती है।''

साहब ने गिलास को फिर से होंठों से लगाया।

''सचमुच! सच कह रही हो?'' साहब ने कहा, ''मगर तुम उसे पढ़ाती कैसे हो? जब तुम मेरे पास थीं तो लिखना-पढ़ना बिलकुल नहीं जानती थीं। इन कई बरसों के दरमियान तुमने कैसे आई० ए०, बी० ए० पास कर लिया?''

सुनीति ने कहा, ''मैं अंग्रेजी और संस्कृत में हमेशा अव्वल आती थी।''

''अयँ क्या कह रही हो तुम! कहाँ से पास किया? किस स्कूल में पढ़ती थीं? कब?''

साहब चिहुँककर सीधा होकर बैठ गया और बोला, ''ऐसा किस तरह हुआ?''

सुनीति ने कहा, ''तुम्हारे घर से भागकर मैं ईसाइयों के एक चर्च में चली गयी थी। उन लोगों ने अपने खर्च से मुझे लिखाया-पढ़ाया--खास तौर से अंग्रेजी।''

''फिर तुम वहाँ जाकर ईसाई हो गयी थीं?''

सुनीति ने कहा, ''हाँ।''

''हिन्दू धर्म त्याग दिया था?''

सुनीति ने कहा, ''तुम्हारे नरक से भागने के बाद मैंने सोचा, चाहे मुझे ईसाई बनना पड़े या और कुछ। कहीं आश्रय पाना ही मेरे लिये तब स्वर्ग-जैसा था। मैं चूँकि वहाँ गयी, इसीलिए जिन्दा रह गयी। आज जो मैं बी०ए० पास कर एम०ए० में पढ़ रही हूँ, एक भले आदमी के यहाँ मुझे जो आश्रय मिला है, इन सब बातों का श्रेय उन्हीं लोगों को है। वहाँ से निकलकर जब मैं कॉलेज में दाखिल हुई तो मुझे स्कॉलरशिप मिला। उसी स्कॉलरशिप के पैसे से संस्कत के एक पण्डित के पास संस्कत पढी।

कठोपनिषद् में मैंने तुम्हारे उस श्लोक को पहले-पहल पढ़ा था—तेन त्यक्तेन भुञ्जीथा···"

"आश्चर्य है।"

साहब ने गिलास से फिर घूँट लिया और कहने लगा, "सचमुच ही आश्चर्य की बात है, कमला! तुमने सचमुच ही मुझे आश्चर्य में डाल दिया। जानती हो, मैं भी एक छात्री को पढ़ाता था। वह मेरी उन बातों पर विश्वास नहीं करती थी। वह सोचती थी, पृथ्वी में एकमात्र भोग ही आनन्ददायक वस्तु होती है, जिसके पास पैसा है, वही सुखी है। उसके पिताजी बड़े आदमी थे। उनके पास दो-तीन मकान और गाड़ी थी।"

सुनीति ने कहा, "तुम भी तो अब इसी बात पर विश्वास करते हो।"

"हाँ, अभी इसी पर विश्वास करता हूँ। छात्रा जो कहती थी, उसी पर विश्वास करता हूँ। कॉस्टेलो साहब ही मुझे इस रास्ते पर ले आया। उसने मुझे हिस्ट्री और फिलॉसफी पढ़ने से रोका और डिटैक्टिव पढ़ने को कहा। कहा : उससे तुम्हारी चिन्तन-धारा डिसिप्लिण्ड होगी, बुद्धि लॉजिकल होगी। लीला जो-जो कहा करती थी, कॉस्टेलो भी वही-वही बात कहने लगा। और, लीला और कॉस्टेलो जब एक ही बात कहने लगे तो मैं इस पर विश्वास किये बिना नहीं रह सका।"

सुनीति ने कहा, "लीला? लीला कौन है? उसका नाम इसके पहले तुम्हारी जबान से नहीं सुना था। उसे भी क्या विलायत ले जाने के बहाने तुमने फॉरेन में बेच दिया है?"

"नहीं-नहीं, बात ऐसी नहीं है। किसी जमाने में वह मेरी छात्रा थी। उसका विवाह हो चुका है।"

"विवाह हो चुका है?"

"हाँ, वह पैसे को प्यार करती थी और उसकी शादी मिस्टर हंसराज नामक एक करोड़पति से हुई थी। लेकिन···"

"लेकिन क्या?"

"लेकिन आज सवेरे जब मैं ऑफिस जा रहा था, देखा, वह लीला हंसराज बस पर चढ़ने के लिए सड़क पर क्यू में खड़ी है, हालाँकि इसके पहले उसे मैंने कभी पैदल चलते नहीं देखा था। और सबसे आश्चर्य की बात तो यह है कि पहले की तरह कीमती साड़ी भी उसके बदन पर नहीं थी और न पहले के जैसे गहने ही। इसके पहले उसमें जो रूप था, वह जाने कहाँ चला गया? देखकर मैं तो सन्न रह गया।"

यह कहकर साहब ने जोरों का एक कहकहा लगाया।

सुनीति ने कहा, "यह क्या, तुम रो क्यों रहे हो?"

साहब ने जल्दी-जल्दी अपनी आँखें पोंछी और कहा, "नहीं-नहीं, मैं रो कहाँ रहा हूँ? मैं तो हँस रहा हूँ। हाँ, मैं हँस रहा हूँ। हँस नहीं रहा हूँ।"

यह कहकर ब्लैक प्रिन्स ने स्वाभाविक हँसी हँसने की चेष्टा की, परन्तु उसे इसमें कामयाबी हासिल नहीं हुई।

[इक्कीस]

अँधेरी कोठरी में विजय और मैंने एक-देसरे की ओर देखा। नि:शब्द। मास्टर साहब का यह कैसा अद्‌भुत चरित्र है! हम लोग किसे पकड़ने आये हैं? इतने दिनों के बाद ब्लैक प्रिन्स के अन्तर में क्या विवेक की ज्वाला सुलगने लगी है? या यह भी अभिनय का ही एक प्रकार है?

देखा, वैरागी सामन्त थोड़े फासले पर खड़ा है। मगर साहब का उस ओर ध्यान है ही नहीं। या फिर साहब उसे आदमी समझता ही नहीं। या ब्लैक प्रिन्स ने सम्भवत: यह सोच लिया है कि वैरागी सामन्त में वह सामर्थ्य है ही नहीं कि वह इन बातों का मर्म समझ सके।

और, उस कमरे के बाहर, जहाँ रसोई बनती है, वंशीलाल छिपकर खड़ा है और सब-कुछ देख-सुन रहा है। या बहाना बना रहा है कि वह यह देखने के लिए खड़ा है कि साहब का गिलास कब खाली होता है। गिलास ज्यों ही खाली होगा, वह कमरे के अन्दर जाकर बोतल से गिलास में शराब ढाल देगा। वह बीच-बीच गें उस कोठरी की ओर भी तिरछी निगाहों से ताकता है, जिसके अन्दर हम लोग हैं। ताला खुलने में देर होते देखकर हम ऊब रहे हैं, गरमी के कारण पसीने से लथपथ हो गये हैं।

लेकिन, उपाय ही क्या है? जब तक उपयुक्त क्षण नहीं आता है, वह दरवाजा नहीं खोलेगा। वह पुलिस लाइन में ट्रेनिंग पा चुका है। किस क्षण, किस असामी को पकड़ना चाहिए, इसके विषय में वह अनुभवी है।

अचानक निस्तब्धता को भेदकर साहब ने कहा, ''खैर, बेकार की बातें छोड़ो। अब तुम्हें यहाँ से जाना चाहिए, कमला। काफी रात हो चुकी है।''

सुनीति ने कहा, ''हाँ, चली जा रही हूँ।''

साहब ने कहा, ''अगर अकेली नहीं जा सकती हो, तो कहो, केदार से कह दूँ कि वह तुम्हें तुम्हारे घर पर पहुँचा आये।''

सुनीति ने कहा, ''नहीं; अकेली आयी हूँ तो अकेली ही चली भी जाऊँगी।''

साहब ने कहा, ''मगर तुमने यह तो बताया ही नहीं कि तुम्हारे आने का उद्देश्य क्या था।''

सुनीति उठकर खड़ी हो चुकी थी। वह फिर से बैठ गयी।

"आने के समय डर रही थी कि मुझे अन्दर आने ही नहीं दोगे। पहले की तरह ही गाली-गलौज करोगे, डराओगे-धमकाओगे। सोचा था, कहीं तुम अपने रिवॉल्वर का ही निशाना मुझे न बना डालो।"

"क्यों, तुम्हें मैं गोली मारने क्यों जाऊँगा?"

"गोली का निशाना क्यों नहीं बनाओगे? मैं तुम्हारा पैसा चुराकर भाग चुकी हूँ। सोचा था, आज तुम मुझसे बदला लोगे।"

साहब हँस पड़ा, "तुम्हारा यह सब सोचना गलत नहीं है कमला। सच कह रहा हूँ, आज अगर तुम्हें गोली नहीं मारता तो कम-से-कम तुम्हें पकड़कर मिड्लइस्ट जरूर ले जाता और वहाँ तुम्हें और-और लड़कियों की तरह बेच देता। तुम कुछ भी बिगाड़ नहीं सकती थीं, क्योंकि मेरे एजेण्ट हर जगह हैं। उनके लिए हर वक्त वीसा-पासपोर्ट तैयार रहते हैं। लेकिन मैंने ऐसा क्यों नहीं किया, बता सकती हो?"

"तुम्ही बता दो।"

साहब ने कहा, "इसलिए कि सवेरे ऑफिस जाने के समय बहुत दिन का परिचित एक चेहरा दीख गया था।"

"उससे मुलाकात होने के कारण मुझसे ऐसा बर्ताव क्यों रहे हो?"

साहब ने कहा, "इसका कारण तुम समझ नहीं सकती हो। किसी की भी समझ में नहीं आयेगा। सुबह से उसी बात की बार-बार याद आ रही थी। हाँ, उसी की जिसके कारण मैं स्कूल-टीचर से गोल्ड-स्मगलर बन गया। उसकी ऐसी हालत कैसे हुई ? और अगर उसकी यह हालत होनी ही थी तो मैंने क्यों इस रस्ते का चुनाव किया? इतना पैसा कमाने के बावजूद क्या मैं सुखी हो सका? इसीलिए मैं दिनभर यही सोचता रहा कि ठीक रास्ते पर मैं था या वह थी?"

कहते-कहते एकाएक उसके ध्यान में आया कि वैरागी सामन्त अभी तक खड़ा है। पूछा, "तुम अब भी क्यों खड़े हो?"

"हुजूर, दस रुपये और दे दीजिए, गाँव भेजना है।"

"नहीं, उससे ज्यादा नहीं दिया जायेगा।"

अचानक बाहर से एक तरह की आवाज आयी और साहब चौकन्ना हो गया।

साहब ने कहा, "ठगनलाल, जाकर देख तो कौन है।"

वंशीलाल ने जैसे ही दरवाजा खोला, वैरागी सामन्त के उस्ताद झगड़ू ने कमरे के अन्दर प्रवेश किया।

झगड़ू के चेहरे पर आँखें जाते ही साहब के चेहरे पर एक आमूल परिवर्तन आ गया। वह उस वक्त और ही तरह का आदमी हो गया। अब तक जो आदमी अपने स्वभाव, आचरण और वर्त्तालाप के कारण सीधा-सादा लग रहा था, वही अब शेर की तरह दबंग हो गया। अब जैसे उसे याद आया कि वह ब्लैक प्रिन्स है।

सुनीति उसके चेहरे की ओर ताकती हुई बोली, ''मैं तुमसे एक बात कहना चाहती थी।''

साहब ने कहा, ''जातना हूँ, मगर अभी मेरे पास उतना वक्त नहीं है कि मैं तुम्हारी बातें सुनूँ। तुम अब चली जाओ।''

''लेकिन मैं आज बिना कहे जाऊँगी नहीं।''

साहब ने कहा, ''कह दिया न, आज कोई बात सुनूँ, इसके लिए मेरे पास वक्त नहीं है। मेरा आदमी आ चुका है। मैं बैंकाक से शनिवार को लौट रहा हूँ। उसी दिन आना, तुम्हें जो कुछ भी कहना है, उसी दिन कहना।''

सुनीति ने कठोरता के साथ कहा, ''चाहे तुम्हें जितना भी काम क्यों न रहे, लेकिन मेरी बात सुननी ही होगी।''

सुनीति का वैसा रूप मैंने कभी नहीं देखा था। आज तक मैं उसे निरीह और शान्त महिला के रूप में ही जानता था। मगर अब उसका चेहरा कैसा हो गया? यह क्या उसके चरित्र की दृढ़ता है? उसके इस चरित्र की मैंने कल्पना नहीं की थी।

सुनीति ने कहा, ''अब तक मैं धीरज धरकर तुम्हारी सारी बातें सुन रही थी, अब तुम्हें भी धीरज रखकर मेरी बातें सुननी होंगी।''

''इसका मतलब?''

सुनीति ने कहा, ''मैं जो कुछ कहना चाहती हूँ वह सीधी-सी बात है। ऐसी बात नहीं है जो तुम्हारी समझ में नहीं आये।''

झगड़ू ने शायद उम्मीद नहीं की थी कि कमरे के अन्दर आने पर वह ऐसा दृश्य देखेगा। कभी झगड़ू ही कमला को चुराकर यहाँ ले आया था। इसी के कान के झुमके की उसने चोरी की थी। उसकी समझ में यह बात

आ गयी कि किसी खास बात पर इस महिला से साहब का झगड़ा चल रहा है। लेकिन साहब से उसकी पहले ही बात हो चुकी थी कि वह इसी वक्त यहाँ आयेगा।

मैं विजय के कान में फुसफुसाया, ''वंशीलाल अभी तक दरवाजा क्यों नहीं खोल रहा है? सुनीति की वह कहीं हत्या न कर दे।''

विजय ने मुँह पर उँगली रखकर इशारा किया—चुप रहो।

चुप होने के लिए मैं चुप तो हो गया जरूर, परन्तु सुनीति के फलाफल की बात सोचकर मेरे मन में भय का संचार होने लगा। मैं अन्दर-ही-अन्दर छटपटाने लगा। लेकिन उस समय एक असहाय दर्शक की भूमिका ग्रहण करने के अतिरिक्त मेरे लिये कोई दूसरा उपाय भी नहीं था।

कोई दूसरा उपाय न देखकर ब्लैक प्रिन्स चिल्ला उठा, ''यहाँ से बाहर निकलो। निकलो बाहर।''

सुनीति ने कहा, ''मैं यहाँ रहने के लिए नहीं आयी हूँ। मैं यहाँ से चली जाऊँगी, मगर इसके पहले मेरी छात्रा का सोने का हार मुझे दे दो।''

''मैंने तुम्हारी छात्रा का सोने का हार लिया है, यह बात तुमसे किसने कही?''

सुनीति ने कहा, ''तुमने जरूर लिया है। तुमने नहीं लिया है तो तुम्हारे आदमी ने जरूर लिया है। कालू ने लिया है।''

''कालू ने लिया है? कालू कौन है?''

''हो सकता है, कालू को तुम नहीं पहचानते हो, मगर तुम्हारे आदमी पहचानते हैं। तुम्हारे गुण्डों का यह सरदार पहचानता है। उन्हीं लोगों ने तुम्हारे पास लाकर बेचा है।''

ब्लैक प्रिन्स ने अब अपना असली चेहरा प्रकट किया।

बोला, ''बेचा है! मेरे पास तुम्हारी छात्रा का सोने का हार बेचा है?''

''सोना बेचने की बात सुनकर तुम इतना हैरान क्यों हो रहे हो? तुम चोरी के सोने की खरीद नहीं करते क्या? यही तो, अभी-अभी इस आदमी ने तुम्हारे पास सोने की चार चूड़ियाँ बेची हैं। तुमने मेरे सामने ही उसे पचास रुपये दिये हैं।''

''मैंने उससे चोरी का सोना खरीदा है?''

सुनीति उत्तेजना के मारे हाँफने लगी।

बोली, "तुमने चोरी का सोना अगर नहीं खरीदा तो क्या मैं झूठ बोल रही हूँ? मुझे आँख नहीं है? कान नहीं है? और अगर मैं झूठ ही कह रही हूँ तो उसी से पूछकर देखो कि उसने बेचा है या नहीं?"

उसके बाद वह वैरागी सामन्त की ओर देखती हुई बोली, "बताओ, तुम्हारी वे सोने की चारों चूड़ियाँ चोरी का माल थीं या नहीं?"

वहाँ जितने भी आदमी उपस्थित थे, उनकी उत्कण्ठा से पूर्ण दृष्टि के सामने वैरागी सामन्त ने सुनीति के प्रश्न का उत्तर दिया, "हाँ, माँजी, यह बटमारी का ही माल है।"

झगड़ू वैरागी का गला दबोचने आगे की ओर लपका। बोला, "साले, नमकहराम! तू झूठी बात बोलता है? साहब क्या चोरी का सोना खरीदते हैं?"

अब मैं और अधिक छटपटाने लगा। वंशीलाल अब भी चुपचाप क्यों खड़ा है?

विजय ने अपने मुँह पर उँगली रखकर मुझे चुपचाप बैठे रहने का संकेत किया।

इस बीच ब्लैक प्रिन्स गुस्से से चिल्ला उठा। झगड़ू की ओर देखकर बोला, "बेवकूफ की तरह ताक क्यों रहा है?"

झगड़ू वैरागी की ओर लपका मगर वैरागी सामन्त को पहले से ही सारी बातों का पता था। उसे मालूम था कि हम कमरे के अन्दर बैठकर सब-कुछ देख रहे हैं। समय आने पर हम बाहर निकल आयेंगे। इसीलिए वह चुपचाप खड़ा रहा।

उधर सुनीति को इस बात की परवाह नहीं थी कि वहाँ क्या हो रहा है। उसने कहा, "तुम मेरी छात्री का हार निकाल दो वरना मैं उसके घर में मुँह दिखाने लायक नहीं रह जाऊँगी।"

ब्लैक प्रिन्स ने कहा, "तुम अपना चेहरा किसके सामने दिखा सकती हो और किसके सामने नहीं, इसके लिए माथा खपाने का वक्त मेरे पास नहीं है।"

सुनीति ने कहा, "अगर मैं यहाँ से बाहर निकलने की खातिर ही आयी होती तो पहले ही यहाँ से चली गयी होती, तुम्हारे हुक्म के इन्तजार में खड़ी नहीं रहती।"

''क्या कहा? तुम्हारी इतनी हिम्मत?''

सुनीति ने कहा, ''मैं तुम्हारी फालतू बातें नहीं सुनना चाहती हूँ। तुम्हारा सोना कहाँ है, उसे पहले बाहर निकालो। देखना चाहती हूँ कि तुम कौन-सा पैकेट लेकर बैंकाक जा रहे हो। मैं उसके अन्दर देखूँगी कि मेरी छात्रा का सोने का हार—उसकी सालगिरहवाला हार—है या नहीं। बिना यह देखे मैं यहाँ से नहीं जाऊँगी।''

ब्लैक प्रिन्स ने अब देर नहीं की, लपककर सामने आ गया। कहा, ''जाओ, यहाँ से बाहर चली जाओ। कह रहा हूँ, यहाँ से बाहर निकल जाओ।''

और उसने उँगली से दरवाजे की तरफ इशारा किया।

लेकिन सुनीति पर्वत की तरह अचल-अटल खड़ी रही। अपना सिर उठाकर उसने कहा, ''तुम मुझे भय दिखा रहे हो?''

''हाँ, दिखा रहा हूँ।'' ब्लैक प्रिन्स ने चीखकर कहा।

सुनीति ने अपना सिर ऊपर की ओर उठाया और बोली, ''मैं नहीं जाऊँगी, जो करना है, करो।''

ब्लैक प्रिन्स ने तत्काल अपने पॉकेट से रिवॉल्वर निकाल लिया और उसे सुनीति की ओर तानकर कहा, ''अब जाओगी या नहीं?''

मैं भय से सिहर उठा। वंशीलाल तैयार था ही, उसने चट से हमारे दरवाजे का ताला खोल दिया और विजय उसी क्षण हाथ में रिवॉल्वर लिये कोठरी के बाहर निकलकर ब्लैक प्रिन्स की ओर बढ़ा। वह चिल्लाकर कुछ कहना चाहता था। मगर उसके पहले ही ब्लैक प्रिन्स की नजर हम पर पड़ चुकी थी और उसने हमें निशाना बनाकर गोली चला दी।

क्या हुआ, यह बात तत्काल हमारी समझ में नहीं आयी। शायद सुनीति सामने आकर खड़ी हो गयी थी या ब्लैक प्रिन्स का हाथ काँप उठा था या वह भय से सिहर उठा था। अवश्य ही ऐसा ही कुछ हुआ होगा वरना सुनीति के ही बदन में गोली क्यों लगती? जब धुएँ का गुबार छँट गया, देखा, सुनीति फर्श पर पड़ी है और उसके शरीर से रक्त का फौवारा छूट रहा है।

उस क्षण मुझे अपनी आँखों पर जैसे विश्वास ही नहीं हो रहा था।

इसी बीच विजय, वंशीलाल और वैरागी सामन्त ने मिलकर दोनों को पकड़ लिया था। अब ब्लैक प्रिन्स विजय के हाथ में कैदी था। वैरागी

सामन्त झगड़ू को पकड़े हुए था। वंशीलाल जब ब्लैक प्रिन्स के हाथ में हथकड़ी पहनाने लगा तो ब्लैक प्रिन्स ने कहा, "ठगनलाल!"

वंशीलाल ने कहा, "मैं ठगनलाल नहीं, वंशीलाल हूँ। मैं पुलिस का आदमी हूँ।"

अब मैं अपने-आपको संयत नहीं रख सका।

मैंने कहा, "मास्टर साहब?"

मास्टर साहब ने भी मेरी ओर आँखें मोड़ीं। शायद मुझे पहचानने की कोशिश की। परन्तु उत्तेजना के कारण शायद अतीत, वर्तमान, भविष्य—किसी के बारे में भी उनकी कोई जानकारी शेष नहीं थी।

स्मरण दिलाने के उद्देश्य से मैंने अपना नाम बताया और कहा कि मैं आपका ही छात्र हूँ।

छात्र? लगा, नाम सुनकर याद करने की कोशिश करने लगे। मगर याद नहीं कर सके, या अपने व्यतीत को प्राण-पण के भुलने की कोशिश करने लगे।

लेकिन मैंने छोड़ा नहीं। कहा, "आप कैसे थे और किस तरह के हो गये मास्टर साहब? आप ही मेरे आदर्श थे, आप ही मुझे त्याग की बातें सिखाते थे, ब्रह्मचर्य-पालन करने का उपदेश देते थे। फिर आप ही इस तरह क्यों हो गये?"

शायद यह बात उनकी समझ में आ गयी थी कि मैं पुलिस का आदमी हूँ। इसीलिए कुछ देर तक मुझे घूरते रहे, उसके बाद आँखें दूसरी ओर फेर लीं। शायद पकड़े जाने की दुर्बलता ने उन्हें असहाय बना दिया था। या यह भी हो सकता है कि उन्हें अपने अतीत की बातें याद आने लगीं और वे अनुताप की भट्ठी में जलने लगे या फिर वे अपनी आँखों के आँसू को रोकना चाहते थे।

लेकिन तब उन बातों के सन्दर्भ में सोचने-विचारने या तर्क-वितर्क करने का वक्त हमारे पास नहीं था। विजय थाने में टेलीफोन करने और डॉक्टर को बुलाने में व्यस्त था। इसके बाद उसे चाबी से लोहे की आलमारी खोलनी थी और सोने का पता लगाना था। मगर वहाँ कुछ भी नहीं मिला। एक दूसरी ही जगह सारी चीजें बरामद हुईं। वंशीलाल ने उस जगह का पता बताया। कंक्रीट की दीवार में छुपा इस्पात का एक बक्सा था। बाहर से कुछ भी समझ में नहीं आता था। वहीं सारी चीजें मिलीं—बहुत-से कागजात, पासपोर्ट, डॉलर और सोने के गहनों के साथ मेरी

भतीजी का हार। एक ईमानदार और सरल आदमी में यह परिवर्तन देखकर मैं तब भी यही सोच रहा था कि यह हुआ कैसे? और क्यों? इसके पीछे कौन-सा रहस्य है? इस बीच पुलिस का जत्था वहाँ पहुँच चुका था। डॉक्टर भी दवा लेकर पहुँच चुके थे। उन्होंने सुनीति की परीक्षा की और उठकर खड़े हो गये। उनके चेहरे पर गम्भीरता की छाप थी। एक भी शब्द वे नहीं बोले। हमारी कौतूहलपूर्ण दृष्टि के उत्तर में केवल इतना ही कहा, ''नहीं, अब कोई उम्मीद नहीं है।''

[बाईस]

मैं जिन दिनों पुलिस के अपराध-निरोध-विभाग का अफसर था, यह घटना उन्हीं दिनों की है। तब इस तरह की बहुतेरी घटनाएँ घट रही थीं। मगर कोई घटना ऐसी नहीं थी जो मुझ पर स्थायी छाप छोड़ सके। क्योंकि दुनिया में चोर, डाकू, घूसखोर, झूठे और गुण्डे महाभारत-काल से ही रह रहे हैं। फिर भी इस तरह की घटना कहाँ दीख पड़ती है?

प्रकाश से अन्धकार की ओर बढ़ जाये, सचाई से बेईमानी की ओर अग्रसर होने लगे, आत्म-त्याग के बदले आत्म-प्रवंचना को अपना ले—इस तरह की घटना मेरे जीवन के लिए आदि और अन्त दोनों थी। इसीलिए वह घटना अब भी मुझे भूली नहीं। याद रहनी ही चाहिए। लेकिन कारावास में दण्ड की यातना भोगने के दौरान मास्टर साहब को भी क्या उन बातों की कभी याद आती होगी?

पता नहीं।

याद है, उस रात तमाम कार्रवाई खत्म कर जब घर लौटा था तो देखा, भाभीजी छटपटा रही थीं। मुझ पर नजर पड़ने के बाद थोड़ी-बहुत आश्वस्त हुईं और दौड़ती हुई मेरे पास आकर बोलीं, ''देवरजी सर्वनाश हो गया, सुनीति का कहीं पता नहीं चल रहा है।''

कुछ भी न जानने का बहाना बनाकर मैं बोला था, ''कब से गायब है?''

''शाम से ही। शाम के वक्त मुझसे कहा : मैं जरा बाहर जा रही हूँ। मैंने सोचा, अच्छा है, बाहर से घूम-फिर आये, कभी तो बाहर जाती ही नहीं। अगर बाहर निकली है तो कोई हर्ज नहीं। हो सकता है, कोई जरूरी काम हो। मैंने उसे रोका नहीं।''

भाभीजी ने कहा, ''उसके बाद रात के आठ बज गये, फिर नौ, फिर दस। उस वक्त भी नहीं आयी तो मैं बाहरी दरवाजे पर खड़ी होकर इधर-उधर ताकने लगी। मुझे डर लगा। सोचा, घर तुम भी नहीं हो, क्या करूँ, क्या नहीं करूँ—कुछ भी समझ में नहीं आया। पुलिस को खबर दूँ या नहीं। आजकल कैसा जमाना आ गया है कि हर तरह के खतरे की सम्भावना है।''

मैंने कहा, "पुलिस को खबर भेजने से अब कोई लाभ नहीं होगा। सुनीति अब लौटकर नहीं आयेगी।"

"क्यों?" भाभीजी जैसे आसमान से नीचे गिर पड़ीं।

मैंने शुरू से आखीर तक की घटना उन्हें बतायी। सुनकर भाभीजी यों चौंक पड़ीं जैसे बिजली गिर पड़ी हो या उससे भी बढ़कर कोई घटना घट गयी हो।

भाभीजी ने कहा, "सच्ची बात बता रहे हो न देवरजी? मुझे तो जैसे विश्वास ही नहीं हो रहा है। वह इतने दिनों से हमारे घर में रह रही थी, फिर भी मैं कुछ समझ नहीं सकी।"

उसके बाद सुनीति के दुःख पर भाभीजी के मुँह से एक छोटा-सा शब्द बाहर निकला, "आह।"

मैंने कहा, "आप अभी 'आह' कर रही हैं भाभीजी। मगर मान लीजिए, सुनीति अगर जिन्दा बच जाती तो क्या आप इन घटनाओं को जानने के बाद उसे घर में रहने देतीं? अपनी छाती पर हाथ रखकर बताइए कि आप उसे यहाँ रहने देतीं?"

भाभीजी ने उस दिन इस बात का उत्तर नहीं दिया। शायद यह प्रश्न उत्तर देने योग्य था भी नहीं। और सिर्फ भाभीजी के बारे में ही क्यों कहूँ, बीसवीं शताब्दी का सारा समाज इसका उत्तर दे सकेगा, इसमें मुझे सन्देह है। बीसवीं तो बीसवीं, इक्कीसवीं शताब्दी का समाज भी इसका उत्तर नहीं दे सकेगा। क्योंकि यह न तो नैतिकता का प्रश्न है और ही समाजवाद का, बल्कि रुपये-पैसे का प्रश्न है। रुपये-पैसे की मर्यादा जितनी बढ़ती जायेगी, नैतिकता की मर्यादा उतनी ही घटती जायेगी।

याद है, उस दुर्घटना के बाद जब मास्टर साहब को कोर्ट के लॉक अप में डाल दिया गया तो विजय के ऑफिस में जाकर इस दुर्घटना के सम्बन्ध में मैंने चर्चा की थी। उस समय भी सम्भवतः मेरे मन से विस्मय और शोक की भयावहता दूर नहीं हुई थी। सुनीति के जीवन की विचित्रता ने मुझे जितना रोमांचित किया था, उसकी मर्मभेदी मृत्यु ने भी मुझे उतना ही अभिभूत कर लिया था। और हाँ, मास्टर साहब की गिरावट ने तो मुझे पूर्णतया आश्चर्य में ही डाल दिया था मेरा मन उसकी कोई व्याख्या प्रस्तुत करने में अपने को असमर्थ पा रहा था।

विजय ने कहा, "जानते हो, दरअसल उसके लिए जिम्मेदार कौन है? न तो तुम्हारे मास्टर साहब जिम्मेदार हैं और न कोई दूसरा ही। जिम्मेदार है

तो हमारे इस युग की टेकनॉलॉजी। इस युग में पैसे से आराम और सुख की इतनी सामग्री मिल जाती है जितनी किसी भी युग में नहीं मिलती थी। और चूँकि पैसे से आराम मिलता है, इसलिए सभी का झुकाव उसी की तरफ हो गया है। जैसे अमेरिका को ले लो, वहाँ नैतिक मूल्यों का ह्रास हो चुका है और उसका प्रभाव हमारे देश पर भी पड़ रहा है। यही वजह है कि लोगों की निगाह में आज नैतिकता का कोई मूल्य नहीं, और इसी कारण पुस्तकों में पढ़े हुए पहले के गुण आज के आदमी के लिए असत्य हो गये हैं। दो-चार व्यक्तियों के अलावा बाकी सभी भले आदमी अब दुर्जन होते जा रहे हैं। जितने भी भले आदमी आज बचे हुए हैं उन्हें भी ज्यादा दिनों तक बचाकर रखा जा सकेगा, मुझे ऐसा नहीं लगता।''

मैंने कहा, ''लेकिन अगर यही सच हो तो हमारे मास्टर साहब-जैसे आदमियों की इस तरह की परिणति क्यों होती है? इसकी कल्पना भी नहीं की जा सकती है।''

विजय ने कहा, ''और कुछ बरसों तक इन्तजार करो। देखोगे, हमारा समाज भी अमेरिका के जैसा हो गया है। घर-गृहस्थी-समाज टूटकर बरबाद हो जायेगा। इसे कोई भी रोक नहीं सकेगा। क्योंकि जो लोग अभी तक दुर्जन नहीं हुए हैं, उन्हें मान-सम्मान दिया जाये, इसका कहीं भी कोई इन्तजाम नहीं है। फिर भला वे सचाई के रास्ते पर टिके क्यों रहेंगे? बल्कि परिणाम उलटा ही होगा।''

हम लोगों की बातचीत के दरमियान वंशीलाल भी वहाँ पहुँच चुका था।

''हुजूर!'' उसने कहा।

वंशीलाल ने एक लिफाफा बढ़ाते हुए कहा, ''कल पार्क-स्ट्रीट के फ्लैट में जिस साहब को पकड़ा था, उसकी एक चिट्ठी मेरे पास रह गयी है। मैं आपको देना भूल गया था।''

''चिट्ठी?''

वंशीलाल ने याद दिलाया, ''हुजूर, साहब ने एक चिट्ठी लिखकर लिफाफे में डाली थी और मुझसे उसे लेटर बॉक्स में डालने कहा था। यह वही चिट्ठी है।''

अब इतनी देर बाद हमें उस चिट्ठी की याद आयी।

विजय ने लिफाफे को उलट-पुलटकर देखा। मैंने भी देखा। लिफाफे पर साफ-साफ हरफों में लिखा था। लीला हंसराज। पता : २२/२, सिधु ओस्तागर लेन; कलकत्ता।

लिफाफे के ऊपरी हिस्से को फाड़कर विजय ने चिट्ठी बाहर निकाली और उसे पढ़ने लगा। मैं भी उसी के साथ पढ़ने लगा। पढ़ते-पढ़ते मुझे लगा, मैं जैसे दार्जिलिंग के पहाड़ पर खड़ा होकर सूर्योदय देख रहा होऊँ।

मास्टर साहब ने लिखा था :

लीला,

इतने बरसों के बाद मेरी यह चिट्ठी पाकर हो सकता है, तुम्हें आश्चर्य लगे। सोचोगी, मुझे तुम्हारा पता कहाँ मिल गया। आज सवेरे भी और-और दिनों की तरह मैं अपनी कार से ऑफिस जा रहा था। अचानक देखा, सड़क के बस-स्टैण्ड पर तुम क्यू में खड़ी हो। इतने बरसों के बाद भी मैं जो तुम्हें पहचान गया, इसका कारण है तुम्हारा चेहरा। तुम्हारा चेहरा भूलने लायक नहीं है और यही कारण है कि मैंने तुम्हें पहचान लिया। वरना मैं इसकी कल्पना नहीं कर सकता था कि तुम्हारी-जैसी महिला बस के इन्तजार में खड़ी रहेगी। मैंने केदार को गाड़ी रोकने को कहा। केदार मेरा ड्राइवर है। उसके बाद तुम्हें दिखाकर मैंने केदार से कहा कि वह तुम्हारे पीछे-पीछे जाये और तुम्हारे घर का पता तथा तुम्हारे बारे में विस्तार के साथ समाचार लाकर मुझे दे। केदार मेरे पास बहुत दिनों से है। उसके लिए कोई काम मुश्किल नहीं है। शाम के समय ऑफिस आकर उसने तुम्हारे बारे में सब-कुछ बताया। अभी ऑफिस से लौटकर तुम्हें चिट्ठी लिखने बैठा हूँ। केदार से जो कुछ सुना, उससे इच्छा हुई कि मैं सीधे तुम्हारे घर चला आऊँ। मगर कल सुबह ही एक जरूरी काम से मुझे बैंकाक जाना पड़ रहा है, इसीलिए अभी तुम्हारे पास आने में असमर्थ हूँ। आगामी शनिवार को मैं वहाँ से लौटकर तुमसे जरूर ही मुलाकात करूँगा। आशा है, तुम मुझसे भेंट करोगी।

सचमुच केदार से मैंने जो कुछ सुना, उससे मुझे घोर आश्चर्य हुआ है। मुझे विश्वास ही नहीं हो रहा है कि पैसे की खातिर जिस करोड़पति मिस्टर हंसराज से तुमने शादी की थी, तीन साल पहले उससे तुम्हारा सम्बन्ध विच्छेद हो चुका है। इसी के चलते आज तुम्हें छह सौ रुपये की टायपिस्ट की नौकरी करनी पड़ रही है और तुम सिधु ओस्तागर लेन के एक लेडीज मेस में रह रही हो। लेकिन कभी तुम बड़े आदमी की लड़की थी, बड़े आदमी की पत्नी थी। वह सब आज कहाँ चला गया? ऐसा क्या हुआ जिसके चलते तुम्हें इस दुरवस्था में पड़ना पड़ा? ऐसी कौन-सी घटना घटी जिसके कारण तुम्हें छह सौ रुपये माहवार की मामूली नौकरी स्वीकार

करनी पड़ी? तुम जब मेरी छात्रा थीं, मैं तुम्हें अंग्रेजी और इतिहास पढ़ाया करता था। एक दिन मैंने ही तुम्हारे सामने विवाह का प्रस्ताव रखा था। वह बात क्या आज तुम्हें याद है? उस दिन तुमने हँसकर मेरे प्रस्ताव को ठुकरा दिया था। और न केवल मेरे प्रस्ताव को ही ठुकराया था, मेरे आदर्श की भी तुमने खिल्ली उड़ायी थी। उस दिन तुमने मुझे समझाने की कोशिश की थी कि पैसा ही आदमी का लक्ष्य होना चाहिए। उस दिन मैंने तुमसे तर्क-वितर्क किया था। वे सारी बातें तुम्हें जरूर ही याद होंगी। उस दिन मैंने कहा था, पैसे से सुख का कोई रिश्ता नहीं है। सुख तो मन की चीज होती है। पैसे के प्रति आसक्ति रहने से सुख कभी नहीं मिल सकता। तुमने मुझे ठुकराकर सुख की उम्मीद में एक करोड़पति से शादी की थी। बाद में सुना था, उनका नाम मिस्टर हंसराज है। याद है, जिस दिन तुम्हारी शादी हुई, मैं स्कूल नहीं गया, दिनभर खाना नहीं पकाया और न कुछ खाया ही। अपने कमरे में बैठा सोचता रहा, सोचता रहा। उसके बाद मैंने प्रतिज्ञा की कि तुम्हारे पति मिस्टर हंसराज की तरह ही करोड़पति बनूँगा। और करोड़पति बनकर प्रमाणित कर दूँगा कि मुझमें भी यह योग्यता है कि तुम्हारा पति बन सकूँ। आज मैं करोड़पति हूँ, लीला। सचमुच, आज मैं करोड़पति हूँ। मगर इतने रुपये-पैसे का मालिक होने पर भी मुझे क्या मिला? तुम्हारी बातें कहाँ सच हो सकीं? सुख मिला ही नहीं। बल्कि जिन दिनों मैं खादी पहनता था, स्कूल की मास्टरी करके महीने में ढाई सौ रुपये कमाता था, अपने हाथों से रसोई बनाता था—तभी मैं सुखी था। लीला, सचमुच तुम्हारा हिसाब बिन मिला ही रह गया।

खैर, वे सब बातें छोड़ो। तुम्हारे आदर्श पर चलकर मैं एक गरीब स्कूल-मास्टर से आज करोड़पति की श्रेणी में आ गया हूँ—मल्टीमिलिऑनॉयर बन गया हूँ। लेकिन करोड़पति की पत्नी होकर भी तुम आज मर्चेण्ट-ऑफिस में छह सौ रुपये की नौकरी क्यों कर रही हो? बस से ऑफिस क्यों जाती हो? सिधु ओस्तागर लेन के सस्ते लेडीज मेस में क्यों रह रही हो, यह बात मेरी समझ में नहीं आती है। तुम्हारे पति ने तुम्हें छोड़ क्यों दिया? तुम्हारे पिताजी, जो इतने बड़े आदमी थे, वे कहाँ गये? मेरी समझ में कुछ भी नहीं आ रहा है। सचमुच, तुम्हारा एक भी हिसाब नहीं मिला।

खैर, अगले शनिवार को शाम छह बजे मैं तुम्हारे मेस में आकर तुमसे इन मामलों पर बातचीत करूँगा। तुम वहीं रहना। अब तो मैं तुम्हारे कथनानुसार करोड़पति या मल्टीमिलिऑनॉयर हो चुका हूँ। अब तुम मेरे

प्रस्ताव को अमान्य नहीं करोगी, ऐसा विश्वास है। आशा है, अब शायद मेरे जीवन की बैलेन्स सीट मिल जाये, मेरे जीवन का हिसाब मिल जाये।

यह चिट्ठी हड़बड़ी में लिख रहा हूँ। याद रखना, अगले शनिवार को शाम छह बजे वहाँ पहुँच रहा हूँ।

तुम्हारा

मास्टर साहब

चिट्ठी पढ़कर विजय ने मेरी ओर देखा, मेरी भी आँखें विजय की ओर चली गयीं। हम दोनों उसी क्षण गाड़ी लेकर २२/२, सिधु ओस्तागर लेन, लेडीज मेस की ओर रवाना हुए। हमने पता लगाने की कोशिश की, वहाँ लीला हंसराज नामक कोई महिला रहती हैं या नहीं।

एक महिला ने बताया, "वे रहती तो जरूर थीं, मगर उनकी बदली हरियाणा में कहीं हो गयी और वे कल ही यहाँ से रवाना हो चुकी हैं।"

"हरियाणा का पता क्या है, मेहरबानी कर बता सकती हैं? हमने पूछा।

महिला बोलीं, "अपना पता हमें देकर नहीं गयी हैं।"

अन्ततः उसका पता मिला ही नहीं। आज भी मुझे लगता है, लीला हंसराज का पता उस दिन मिल जाता तो भी हम पाते कि उसके जीवन का हिसाब नहीं मिला है। यहाँ तक कि उस दिन वंशीलाल यदि उस चिट्ठी को लेटर-बॉक्स में डाल देता तो भी हिसाब नहीं मिलता। न तो सुनीति के जीवन का हिसाब मिलता और न ही मास्टर साहब और लीला हंसराज के जीवन का। मास्टर साहब की दुर्गा दीदी के जीवन का हिसाब ही क्या उस दिन मिला था?

शायद सचाई यही है कि किसी भी आदमी के जीवन का कोई हिसाब कभी मिलता ही नहीं है।

शायद यह रोकड़ ही ऐसी है जो कभी मिली नहीं⋯कभी मिलेगी भी या नहीं? कौन जाने!

●